4·19혁명과 민주주의의 외침

괴물이 된 권력

4.19 혁명과 민주주의의 외침

괴물이 된 권력

초판 1쇄 2015년 4월 16일

지은이 이남일
발행인 김재홍
디자인 박상아, 문선이, 이슬기
마케팅 이연실

발행처 도서출판 지식공감
등록번호 제396-2012-000018호
주소 경기도 고양시 일산동구 견달산로225번길 112
전화 02-3141-2700
팩스 02-322-3089
홈페이지 www.bookdaum.com

가격 15,000원
ISBN 979-11-5622-086-2 03900

CIP제어번호 CIP2015010576
이 도서의 국립중앙도서관 출판시 도서목록(CIP)은 e-CIP 홈페이지(http://www.nl.go.kr/ecip)에서 이용하실 수 있습니다.

4 · 19혁명과 민주주의의 외침

괴물이 된 권력

이남일 지음

지식공감

목차

제 3장 괴물이 된 권력

제 4장 민중의 분노

제 5장 4 · 19 그 후

시작하는 말

한 개인이 인생을 살아가면서 경험하게 될 심리적 상태는 행복, 만족, 불만, 불행, 이 4가지 상황의 반복이라 할 수 있겠다.

정상적인 사람이라면 자신이 죽는 마지막 순간까지 '행복'과 '만족' 같은 긍정적 상황만 반복되길 바라는 것이 상식적인 모습이라 하겠지만, 인생의 전반적인 영역을 생각하면 불가능에 가깝기도 할 뿐 아니라 누구나 바라는 위와 같은 상황의 반복은 아이러니하게도 자아의 발전이나 성장을 막아버린다.

왜냐하면, 사람이란 행복하거나 만족스러운 상황에선 자신을 뒤돌아보거나 반성 따위의 성찰적 행동을 하지 않는 것이 지극히 일반적인 모습이기 때문이다.

무엇인가 일이 좀처럼 풀리고 않고 현재의 괴로움이 반복돼야만 사람들은 자신과 자신의 주변 상황에 대하여 고민하기 시작한다.

'무엇이 나를 이토록 힘들게 하는 것인가?'

'나에게 닥친 괴로움의 원인은 무엇인가?'

‘과연 나는 언제부터 이렇게 된 것인가?’ 같은 반응 따위로 자신의 삶을 되돌아보게 되고 자연스러운 행동의 일환으로 개인의 역사 속에서 문제의 시발점을 찾아보려 노력하게 되는 것이다. 그리고 자신의 역사 안에서 문제의 원인을 찾아낸다면 그때 비로소 해결을 위한 반성과 성찰을 하게 되는 것이기 때문이다.

이것은 결국 자기 자신의 개인사가 자신을 발전시키고 앞으로 걸음을 내딛게 만들어 주는 최솟값이라는 것을 이야기해준다.

다시 이야기하자면 개인사에 대한 정확한 기억과 왜곡되지 않은 기록이 성찰을 통한 바른 성장의 충분조건으로 역할 할 수 있게 된다는 것이다.

국가도 다르지 않다. 만약 국민이 정부와 사회를 생각하면서

‘이것은 뭔가 잘못된 것 같은데?’

‘이것은 무엇인가 공평하지 않은 것 같은데?’

‘이런 미래를 나의 자녀들에게 물려주어도 되는가?’

부는 국가와 정부에 의해 적절하게 재분배되지 못하는 듯하고 공평하고 정의로운 경쟁은 점진적으로 사회에서 사라지는 것 같다 느끼며 기회의 균등이 아닌 기회의 독점현상이 국민들 감정 속에 만들어지는 것.

협동보다는 경쟁이 학습되고 누군가에 의해 강요되며 대다수 소시민이 할 수 있다는 희망보단 불가능하다는 절망에 더 자주 노출되는 것.

이것들은 국가와 사회가 잘못된 길로 가고 있다는 분명한 메시지이고 국가의 심리적 상태가 ‘국민의 불행’ 또는 ‘국민의 불만’ 단계에 있다는 상징적 지표이며 안타깝게도 현재 대한민국의 소시민들에게서 왕왕 이야기되고 있는 감정이다. 더욱이 우리 사회는 분단이라는 특수성으로 인하여 야기된 이념 갈등뿐만이 아니라 지역과 세대 간의 갈등까지 팽배해져 있는 실정이다.

그렇다면 '국민의 만족이나 행복' 같은 사회의 심리적 성장까지는 아니더라도 구성원들 사이의 이념 갈등 따위의 것들을 조금이나마 해결하기 위해 우리가 할 수 있는 것은 무엇일까?

개인이 자신의 삶을 되돌아보는 행위와 같이 사회의 구성원이 국가의 역사를 다시 돌아보는 행동, 즉 역사에 대한 정확한 교육이 지금 현재를 살아가는 사람들에게 최우선적으로 필요한 상황이 아닐까 생각한다. 그리고 그 역사는 너무 먼 과거, 지금과 다른 이름을 가진 시절의 국가가 아닌 '대한민국'이라는 국가의 역사에서 문제의 시발점을 찾아보아야 한다고 확신한다.

하지만 현실의 대한민국은 자신의 정확한 현대사를 교육시키지 못하고 있는 듯하다.

일제의 국가의식말살을 목적으로 한 식민근대화론과 반공을 종교로 변질시켜버린 자유당의 폭력독재 12년, 이후 이어진 30여 년간의 군사독재 기간을 거치면서 부정과 부패 그리고 극단적인 기회주의 속에서 점점 거대하게 자라 괴물처럼 거대해져 버린 무엇인가로 인해 어느 사이 국가의 현대사는 미묘한 갈등의 소재로 취급받게 되었기 때문이다.

식민의 치하에선 조국을 헌신짝처럼 버리고 민족을 억압하는 일본의 앞잡이가 되어 일본인보다 더 자국민들을 괴롭히던 반민족행위자, 그리고 그들에 대한 처벌을 수포로 돌려버린 이승만정부와 당시 미군정 힘을 이용하여 해방되어서도 권력의 중추에 비집고 들어가 반공이라는 종교로 폭력과 권력을 휘두르며 지냈던 사람들.

30년간의 군사독재 아래에서 독재에 기생하여 그 끈질긴 생명력을 자랑하듯 비겁한 기회주의와 부정과 부패로 정의를 좀먹으며 살아남아 결국 오늘날 자신들의 자손까지 사회와 권력의 정점에서 기득권자로 살아가는 자들의 결코 들어낼 수 없는 가면 속의 민낯.

그리고 그것을 보여주지 않으려는 그들의 부단했던 노력과 결과물이 현대사 교육의 소홀인 것으로 의심되며 그 행위는 오늘날에도 '한국사 교과서의 왜곡'이라는 이름으로 계속되고 있다.

그런 결과로 인하여 대한민국 헌법 전문에 헌법 정신으로까지 명시된 대한민국 민주주의의 뿌리 '4 · 19 혁명'이 정확하게 무엇인지 알지 못하는 젊은이가 양산되어가는 상황이고 5 · 16을 군사쿠데타라 명확하게 정의 내리지 못하는 이가 오늘날 우리나라의 장관들이며 5 · 18을 민주화운동을 '5 · 18은 폭동이다'라고 말을 하는 학생들이 존재하는 것이다.

정확한 현대사교육의 부재가 이념적 갈등을 생성시키는 것에서 나아가 갈등의 증폭을 가속화 시키고 있는 것은 아닐까 생각한다.

이러한 현실임에도 불구하고 대한민국의 교육부는 수능을 준비하는 학생들의 학업부담을 줄인다는 명목으로 역사교과서의 근현대사 부분을 40% 정도 축소한다고 발표 했다.

거기에 더하여 국가의 정보를 독점하고 있는 국정원과 군이 대통령 선거에 개입하는 일까지 벌어졌다.

이러한 상황이기에 최소한 대한민국 민주주의의 뿌리 그 자체인 4 · 19 혁명에 대해서만 이라도 정확한 현대사의 기록을 다시 상기시킴으로써 자라나는 학생세대에게 미력하나마 선배의 역할을 해보고자 마음먹었다.

왜 4 · 19 인가?

정확한 역사적 사실을 자라나는 세대에게 교육하는 것이 중요하다는 것은 더 이상의 설명이 필요 없는 사실이겠지만 그에 못지않게 반드시 만들어져야 하는 요소가 한 가지 더 존재한다. 바로 국민들의 가슴속에 존재하는 '민족의 정기' 다시 말하여 왜곡되지 않은 건강한 애국심이 그것이다. 사회구성원의 올바른 애국심이 정의로운 국가를 만드는 원동력이 되는 것이다.

그렇다면 '민족의 정기' 애국심은 어떻게 증가하는 것일까?

그것은 역사 속에서 발견하게 되는 위대한 사건이 보여주는 감동과 자기 민족 안에 살아 숨 쉬던 위인들에게서 느끼는 경이로움, 그리고 구성원의 일부가 만들어 보여주는 자랑스러운 업적 따위에서 그 크기를 더해가는 것이라 생각한다.

쉬운 예로 이순신 장군이나 세종대왕의 고충과 결단을 생각하며 그 위대한 업적에 감동과 자랑스러움을 느끼게 되는 감정 같은 것이라 할 수 있겠다.

또한, 굳이 오랜 옛날에서 찾으려 하지 않더라도 과거 IMF로 하루하루 신음하던 소시민들에게 미국 메이저리그와 LPGA에서 끊임없는 승전보로 위로와 용기를 전해준 박찬호와 박세리의 활약과 월드컵에서 세계 4강에 올라선 국가대표 축구팀이 보여준 감동과 전 세계를 놀라게 했던 국민들의 응원, 그리고 피겨스케이팅의 세계에서 역사상 최고의 반열에 오른 김연아의 연기, 이런 자국민의 위대한 업적과 사건들을 접하며 발생하는 자랑스러운 감정들이 스스로 인지하지 못한 사이 자신의 국가에 대한 자긍심과 사랑, 다시 말하여 애국심이라는 모습으로 켜켜이 쌓여가게 되는 것이다.

위에서 나열한 사건들에 비견되는 자랑스러운 정치적 사건이 바로 4 · 19 혁명이다. 세계 역사 전체를 뒤져도 유례를 찾아볼 수 없는 형태의 역사를 우리 민족은 가지고 있는 것이다.

'한국에 민주주의가 꽃피기를 희망하기보다 쓰레기통에 장미꽃이 피기를 기다리는 편이 낫다'는 악담을 퍼부었던 영국 언론 런던타임즈가 '쓰레기통에서 장미가 피었다'는 말로 사과와 경의를 표하며 '마치 이 나라가 일본의 지배로부터 해방된 1945년 8월 15일과 같았다. 하지만 이번엔 스스로의 힘으로 자유로운 몸이 된 것이다. 외국의 비평가들이 생각했던 것과 달리 한국인은 자유정부를 향유할 자격을 가지고도 남음이 있다는 사실을 입증했다.'라는 논평처럼,

미군과 연합군이 먹고 남은 음식물 쓰레기들을 끓여 만든 일명 '꿀꿀이죽'을 먹고 싶어 몇 십 미터씩 줄을 서서 기다리던 우리의 가난과 열악함에 충격을 받은 터키인들에게 '한국의 국민조차 독재에 앞서 항거를 하는데 우리 국민의 긍지와 자부심이 어찌 한국 국민들보다 못할 수 있겠는가?' 라며 탱크 앞에서 한국 학생을 찬양하는 구호를 외치고 그들에게 자신들의 독재자 '멘델레프'를 끌어내릴 용기를 만들어 준 우리의 현대사.

'나는 최근 한국 학생들의 행동이 보여준 바와 같은 그 고귀한 정신과 그들의 용기와 애국심에 크나큰 존경심을 품고 있다. 나는 프랑스 국민의 축의를 한국 국민에게 전하고 싶다.'라며 경외심을 표했던 드브레 파리 의장의 성명서 내용에서 보이는 것처럼.

한국인을 경시했던 일본의 학생들에게 '안보 파동'을 일으킬 용기를 만들어 주었던, 그리하여 이후 수많은 국가의 세계사 교과서에 '위대한 용기와 희생의 정신'으로 각인되어 교육되고 있는 사건.

세계에서 가장 무시 받고 가장 가난하던 국가의 국민들이 '이 이상 우리

의 국가를 후진국으로 만들지 말라' 며 이루어낸 위대한 용기의 현대사가 바로 4 · 19 혁명이다.

이러한 마음에 4 · 19 혁명의 기록을 한 권의 책으로 펴냄으로써 소홀해져 가는 위대한 우리의 현대사를 기억하는 것에 일조하고 싶었다. 또한, 역사적 사실을 현실과 비교해 봄으로써 선배들이 피 흘려 만들어준 우리의 민주주의는 지금 안녕한 것인지 같이 생각해 보고 싶었다. 그런 이유로 글을 써 내려감에 있어 필자 개인의 생각이나 의견은 최대한 자제하였으며 기록의 사실 여부를 최우선으로 고려하였다. 왜냐하면, 정확한 사실의 기록이 가장 큰 드라마라는 생각 때문이기도 하지만 한 명의 지도자나 소수의 기득권 세력이 권력의 달콤함에 취해 부정의 유혹을 뿌리치지 못하게 되는 경우 부정은 그 성질의 특성상 더욱 교묘하고 거대해지며 이윽고 공권력과 만나게 되면 국가권력이 어느 수준까지 괴물로 변화될 수 있는지를 완벽에 가까운 모습으로 보여주고 있는 것이 4 · 19 혁명의 내용이기 때문이다.

혹여 모자란 글쓰기 실력으로 잘못된 사실을 기록하게 될까 두려워 이곳저곳에서 수집한 3만 페이지의 기록 자료들을 읽고 또 읽었고 10시간에 달하는 영상기록을 보고 또 보았으나 부족한 글 실력에 여전히 부끄러움이 남는 것은 어쩔 수 없는 일인 듯하다.

하지만 나로서는 매일매일 괴로움의 연속이면서도 매우 행복했던 과거로의 여행이었다. 이 글을 읽으며 위대했던 그 날로 많은 이들이 함께 여행했으면 하는 바람이다.

끝으로 수많은 자료사진을 지원해주신 4 · 19 민주혁명회 이영민 사무총장님과 바쁜 직장생활 속에서도 흔쾌히 400여 장의 사진자료를 디지털화시켜준 후배 원휘, 나의 글을 한편의 책으로서 세상에 태어나게 해주신

도서출판 지식공감에 감사의 말씀을 전한다.

그리고 나의 작업을 묵묵히 지켜보아 준 부인과 항상 아빠를 응원해주는 딸 승연에게 사랑을 전하며 병마에 시달리고 계신 부모님의 회복을 소원한다.

제 1 장

대통령 선거사

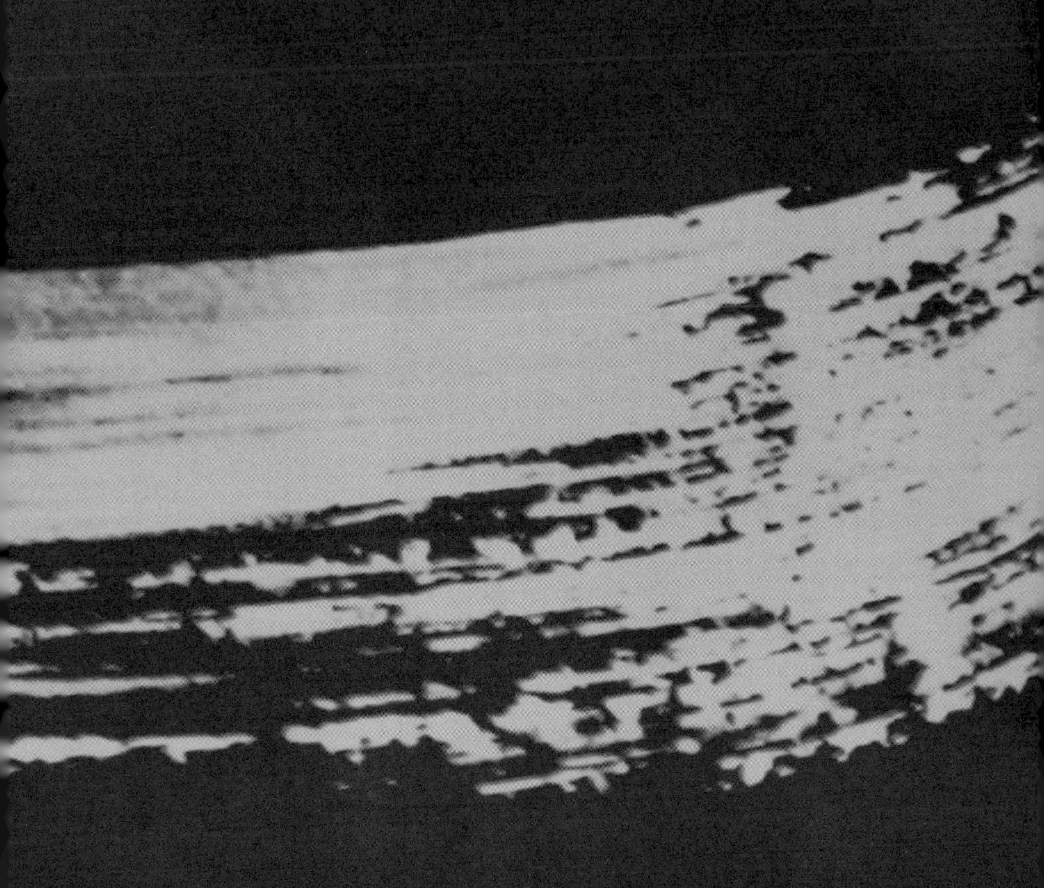

대한민국 대통령선거사(1948~1960)에 대한 간단한 설명

4 · 19 혁명을 쉽게 이해하기 위해선 간략하게나마 1948년 대한민국 건국 이후의 대통령 선거사를 먼저 알아보아야 한다.

1948년 7월. 광복 이후 이어진 미군정 시대가 끝나고 드디어 이루어진 대한민국 제1대 대통령 선거는 지금과 같은 국민 직접선거가 아닌 국회에서 국회위원만이 참석하여 투표했던 간선제 선거였다. 제헌국회의 국회의장이었던 이승만은 미국의 지원과 여러 국회의원의 강력한 지지 속에서 거의 몰표에 가까운 투표결과를 얻으며 모두가 알고 있는 것처럼 대한민국의 제1대 대통령에 당선된다.(참석의원 197명, 이승만 180표, 김구 13표, 안재만 2표 기권 2표)

당시 초대 대통령을 뽑는 선거에서 백범 김구의 지지는 겨우 13표에 불과했다. 하지만 일반인의 상식을 뛰어넘은 이 결과의 이면을 살펴보면 그 이유를 알 수 있다.

백범 김구가 당시 13표의 지지밖에 얻지 못한 이유는 신탁통치 반대 운동에 대한 피로감과 국민들을 양분해버린 이데올로기 그리고 현실적인 판단이 앞선 의원들로 인한 것도 있었다. 하지만 그것보다는 김구 선생이 대통령선거 당일 아침 "남한만의 단독정부 대통령은 사양하며 어떠한 참여도 하지 않겠다"는 성명을 발표하며 강경한 태도를 보였기에 만들어진 결과였다. 이러한 상황임에도 불구하고 13명의 의원은 미련을 버리지 못하여 김구를 지지했다는 것이다. 실제로 이승만이 남한 단독정부의 대통령으로 당선된 바로 다음날 남한 단독정부를 반대한 김구는 김규식과 한독당을 중심으로 결성된 '통일 독립촉진회'의 주석으로 추대된다.

이승만의 선배이자 스승격인 서재필 선생 또한 여러 의원으로부터 대통령출마에 강력한 추대를 받지만, "나는 한국 각지로부터 나에게 한국 대통령 입후보를 요청하는 동시에 내가 출마하는 경우 나를 지지하겠다는 많은 서한을 받았다. 나는 그들의 호의에 깊은 감사의 뜻을 표하는 바이다. 그러나 나는 과거에 관직에 입후보한 일이 없으며, 지금도 그리고 장래에도 그러하지 아니하리라는 뜻을 그들에게 전달해야 할 것이다. 설혹 나에게 그 지위가 제공된다 하더라도 나는 그것을 수락하지 않을 것이다."라는 성명을 발표하고 미국으로 돌아간다.

이 모두를 정리하자면 이승만 대통령이 초대 대통령으로 당선되었던 대한민국 1대 대통령선거는 사실상 이승만 혼자만이 후보인 단독후보 선거였다는 것이다. 앞으로 나오게 될 이승만의 선거역사는 '단독후보'라는 것이 핵심키워드라 할 수 있겠다. 이후 이승만이 초대 대통령으로 당선된 대한민국은 2년 후인 1950년 6월 25일 북한의 남침으로 인하여 전쟁의 야만 속으로 빠져들게 되었다.

전쟁이 한창이던 1952년 이승만 대통령의 임기종료가 다가오고 있었다. 그리고 이승만 대통령의 권력욕으로 인한 부정의 출발은 1952년 6 · 25 전쟁 중에 치러진 2대 대통령 선거부터라 할 수 있겠다. 전시상황이었음에도 불구하고 이승만의 재선은 결코 순탄한 상황이 아니었기 때문이었다.

자신을 지지하던 국회의원 대부분이 사라진 국회에서 그가 3분의 2 이상의 표를 얻어 대통령에 재임하기란 불가능에 가까워 보였다. 오히려 400명 이상의 민간인이 일방적으로 학살당한 '노근리 학살사건'과 군인들이 엄청난 국방비를 횡령했던 '국민방위군사건' 등을 지켜보다 이승만의 독재에 항거를 표시하며 민주주의의 정통을 지키고자 부통령직을 사임하였던 초대 부통령 이시영 선생을 대통령으로 추대하려는 움직임이 많은 국회의원을 통해서 추진되고 있는 상황이었다.

이시형 선생과 그의 형제들에 대해서는 민족의 자긍심을 위해서라도 짤막하게나마 설명이 필요하겠다.

■ 노근리에서 학살당했던 사람들의 유골

'노블리스 오블리제' 정도로는 설명 불가능한 정도의 희생을 보여준

'성재 이시영' 선생과 그의 여섯 형제는 일명 '삼한갑족'이라 불리던 명문집안의 인물이다.

오성과 한음의 주인공인 이항복을 10대조로 하는 조선 최고의 명문가 집안에서 고종 시절 이조판서를 지낸 이유승의 다섯째 아들로 태어난 이시영 선생은 17살에 소과에 합격하여 생원 진사가 되었고 2년 후인 19세에 형조좌랑(정6품)이 되었으며 문과 또한 급제하여 홍문관 교리(정5품) 등에 관직을 역임했었다.

이시형 선생은 을미사변과 을사조약 이후 이승훈, 도산 안창호, 우당 이회영(이시영 선생의 형) 선생과 함께 비밀결사 조직인 '신민회'를 조직하였으나 수많은 명문가와 관리들이 친일파로 변절하여 국가와 민족을 팔고 제 뱃속을 채우던 모습을 목도하면서 국내에서 하는 독립운동의 한계를 철저하게 느끼게 되었다.

이시영과 그의 여섯 형제는 "대대로 명문이라는 소리를 듣는 우리 가문이 일제 치하에서 노예가 되어 생명을 이어간다면 무슨 면목이 있겠는가!" 라고 통탄하다가 조선대대로 내려온 집과 땅을 포함한 전 재산을 처분하여 만주로 떠나 독립운동에 전념하기로 결심한다. 당시 이시영 선생과 가문의 재산 규모는 소유하고 있는 토지만 따진다 하여도 오늘날 명동의 거의 전 지역으로서 지금의 가치로 따지면 수조 원에 이르는 명실상부한 조선의 최고부호였다.

그러나 그들은 그 많은 재산을 40만 원(현재 가치 1,000억 원)이라는 말도 안 되는 헐값으로 급하게 처분하고 60명의 대가족 모두를 12대의 마차에 나누어 태워 1910년 겨울에 서울 명동을 떠나 눈 내리는 만주로 망명한다.

당시 노비 문서를 전부 불태워 노비 모두에게 자유를 주었지만 대다수의 노비들 역시 만주로 동행한 것으로 미루어 보아 6형제의 인품이 어느 정도이었는지를 엿볼 수 있다.

첫째 이건영, 둘째 이석영, 셋째 이철영, 다섯째가 이시영, 여섯째 이호영이었다. 그리고 만주행을 주도했던 인물은 넷째 우당 이회영 선생이었다. (서울시 종로구에 우당 이회영 기념관이 있다.)

이후 40만 원(약 1,000억 원)의 돈으로 형제들은 만주에 독립군양성학교인 신흥무관학교를 세워 본격적인 무장 독립군들을 키우기 시작한다. 우리가 알고 있는 독립군이 이때부터 본격적으로 양성 되는 것이다.

무관학교의 교장을 맡은 이시영 선생은 불철주야 노력하여 1920년까지 10년간 2천여 명이 넘는 졸업생을 배출시킨다.

훗날 열악한 무기를 가진 1,500여 명의 독립군으로 당시 세계 최첨단 무기로 무장한 5,000여 명의 일본군을 괴멸시킨 청산리전투와 봉오동전투 주인공들이 바로 신흥무관학교 졸업생들이었다.

또한, 1919년 초 이시영 선생과 이동녕 선생 등은 우당 이회영 선생의 집에 모여 대한민국 헌법 전문에 빛나는 3 · 1 운동의 기획을 주도하였고 1919년 4월 대한민국 상해임시정부를 수립하는데 결정적인 기여를 하기도 한다.

이시영 선생은 신익희 선생(대한민국 3대 대통령 후보로서 이승만과 경쟁하던 중 총선을 10일 앞두고 유세 도중 갑작스럽게 사망하게 된다) 등과 함께 대한민국 최초의 헌법인 대한민국 임시헌장 제정의 한 축을 담당하기도 하였으며 초대 임시정부 대통령이던 이승만에 의해 행해진 독립자금 횡령사건 때문에 매우 열악해진 정부재정을 안창호 선생에 뒤이어 이끌어가기도 한다.

1945년 해방이 되어 꿈에도 그리던 고국을 밟게 되었으나 6형제 중 고향에 돌아온 이는 이시영 선생 혼자였다.

맏형인 이건영 선생과 그의 둘째 아들은 독립운동 중 병사하였고, 둘째 이석영 선생은 빈민가에서 80세의 나이에 돈이 없어 굶어 죽었다. 셋째 이철영 선생은 신흥무관학교 교장을 맡아 일하다 과로사 하였고 형제의 중심이었던 넷째 이회영 선생은 독립운동 중 일제에 붙잡혀 모진 고문 끝에 죽는다. 막내였던 이호영 선생 또한 독립운동을 하다가 행방불명된다.

오늘날 명동의 땅 전체를 소유한 집안을 상상해보라. 조선에 남아서 대대손손 잘 살 수 있는 길을 포기하고 "송곳 하나 꼽을 수 있는 땅조차 남기지 않았다"는 그들의 말처럼 전 재산을 처분해 만주 땅에서 독립운동을 하던 여섯 형제가 그토록 바라마지 않던 조국의 광복을 맞았으나 오로지 다섯째였던 이시영 선생만이 홀로 돌아와 고향의 땅을 밟게 되었을 때, 과연 선생의 심정은 어떠하였을까?

성재 이시영 선생은 1953년 4월 19일 노환으로 사망하였고 정릉에 묻혔다가 수유리 북한산 기슭으로 이장되었다. 훗날 국립묘지로의 이장을 권유 받았으나 국가가 제공한 자리는 말석이었다.

선생에겐 아들이 4명 있었으나 첫째는 자손을 남기지 못하고 1960년대에 사망하였다. 둘째아들 이규열씨는 아버지보다 100일 먼저 사망하였고 셋째와 넷째는 어린 시절 만주에서 구걸로 연명하다가 굶어죽었다. 둘째아들과 며느리 서차희씨 사이에서 태어난 4명의 손자와 2명의 손녀가 있었는데 6명 모두 최고의 명문고에 진학하였으나 단 한명도 대학을 졸업하지 못했다. 등록금조차 구할 수 없을 정도의 가난 때문이었다. 현재 그의 자손은 성재 이시영 선생의 묘소부근 허름한 주택에서 기초생활수급자로 힘겨운 노년을 살아가고 있다.

성재 이시영 선생은 살아남아 고국으로 돌아왔지만 독립운동의 톡톡한 대가는 그의 후손들에게 이어지고 있다.

■ 성재 이시영 선생.
그와 그의 형제들이 보여준 희생은 훗날을 살아가는 우리 후손들에게 민족의 자긍심을 일깨워준다.

1952년, 6 · 25 전쟁 중이던 시기에 치러진 제2대 대통령 선거에서 이승만은 친일파 청산문제를 엉망으로 만든 책임과 1950년 국회의원 선거의 야당압승으로 인하여 간접선거로는 도저히 재선이 불가능해 보였다. 더군다나 독립군을 만든 장본인 중 한사람인 이시영 선생도 출마를 권유받던 상황이었다. 하지만 권력유지의 위기상황에서 고민하던 이승만은 전시에 수도나 다름없던 부산에서 결국 대통령의 고유권한인 계엄령을 발동시켜 국회의원들을 억압한 채 간선제였던 헌법을 직선제로 바꾸어버린다. 훗날 '부산정치파동'이라 불리는 강제개헌이었다. 결국 권력의 달콤함을 이기지 못하고 독재자의 길을 걸어가기로 한 것이다.

이승만 대통령은 개헌을 강행하자마자 1주일 안에 모든 후보등록을 마감하도록 강제조치 하였고 10일 후 바로 대선을 치러버리는 초고속 번개 일정을 만들었다. 선거운동 기간은 단 10일로서 혼자서 단독 질주하겠다는 권력을 향한 치졸함이었다.

결국 계엄령을 통해 갑작스럽게 바뀌어 버린 최초의 직접투표 대통령 선거에서 이승만은 자신의 예상대로 76%의 압도적인 지지를 받으며 2대 대통령으로 선출되어 재선에 성공하게 된다.

그렇게 시간이 흘러 어느덧 1956년.

전쟁은 끝났고 전국은 폐허가 된 상황이었으며 국민들은 기아에 허덕이고 있었다. 그리고 이승만 대통령에겐 한 가지 중요한 문제가 고민거리로서 존재하고 있었다. 자신이 바꾸어버린 헌법대로 한다 하더라도 그는 더 이상 대통령 선거에 나설 수가 없는 것이었다. 헌법은 대통령을 재임하는 것까지만 허락해 놓았기 때문이었다. 하지만 이승만 대통령은 여기서 멈추지 않았다. 선거법을 한 번 더 고치기로 결심한 것이다.

1954년 국회의원선거에서 갖은 비열한 방법으로 원내 다수를 차지한 자유당을 선두에 세워 초대 대통령에 한하여 중임제한을 철폐한다는 헌법 개정안을 발표하였다. 쉽게 말하면 초대 대통령인 이승만은 죽을 때까지 대통령 후보에 나설 수 있다는 헌법 개정안을 내놓은 것이다.

그러나 권력을 가진 다수당이라 하더라도 대한민국은 제헌국가였기에 헌법을 고치려면 당연히 국회표결이 필요했고 재적의원 203명 중 3분의 2이상 찬성해야 한다는 원칙을 지킬 수밖에 없었다.

가결 정족수가 136명 다시 말해 찬성표가 136표가 나와야만 그들이 계획한 대로 헌법 개정이 가능하였던 것이다.

이승만과 자유당은 압도적인 자금과 폭력으로 의원들을 포섭하고 매수하기 시작했다. 그러나 자유당의 노력에도 불구하고 역사는 마치 한편의 드라마를 연출하듯 헌법 개정에 대한 국회의 표결 결과를 찬성 135표, 반대 60표, 기권 7표로 결정지어 보여주었다.

단 한 표의 부족으로 인하여 권력을 유지 할 수 있는 방법이 사라진 것이었다. 자유당 소속인 당시의 국회부의장조차 어쩔 수 없이 법에 따라 부결을 선포해야만 했다.

하지만 이승만 대통령과 자유당정권은 정상적인 법 해석 따위가 중요하지 않았다. 자신들의 권력 유지 앞에서는 어떤 것도 가능한 일이라 믿었기 때문이었다. 이틀 후 그들은 '이정재'를 비롯한 정치깡패를 동원하여 국회에 국회의원들을 억압한 채 그 유명한 '사사오입개헌사건'을 만들어낸다.

그리고 한편의 코미디와 같은 '사사오입' 이론을 강제로 적용시켜 초대대통령에 한한 중임제한을 기어이 철폐시켜 버리고야 만다. 원래 재적위원 203명의 3분의 2라는 것은 135.33명으로서 정족수의 경우 이 숫자보다 많아야 하는 것이 상식이기 때문에 보통 올림 수인 136명의 찬성표를 필요로 하는 것이 맞고 그 사실이 당연하다는 것을 그들도 알고 있었으나 지식인의 양심을 팔아먹은 당시 대한 수학회 회장이던 최윤식 교수를 (사사오입 개헌이론을 만들어준 후 4년 뒤에 사망한다.) 내세워 비록 사람의 수를 헤아리는 것이라도 소수점은 반올림하는 것이 올바르다는 이론으로 135명 가결을 선포하였던 것이다. 자신의 권력유지를 위해 정의를 무시하고 깡패의 힘을 앞세워 마음대로 헌법을 뜯어고친 그의 행위는 그가 어떠한 변명으로도 독재자라는 그늘에서 벗어날 수 없다는 것을 단적으로 보여주는 것이었다.

헌법을 힘으로 뜯어고쳐 가까스로 3대 대통령 선거에 출마할 수 있게 된 이승만이었으나 3번째 대통령으로 당선되기까지 그의 앞에는 또 하나의 걸림돌이 존재하고 있었다.

민심은 일제치하의 경찰들보다 더욱 악랄했던 자유당 정부와 경찰들의 억압에 '못 살겠다 갈아보자!' 라는 민주당의 선거구호 그대로의 마음이었고 민주당 신익희와 진보당 조봉암이라는 엄청난 경쟁자들이 국민의 힘을 얻어 약진하던 때이기도 하였다.

처음으로 이승만의 대통령 선거전에 만만치 않은 경쟁자라는 것이 생긴 것이다. 거기에 더해 선거를 20여 일 앞둔 4월 25일, 신익희와 조봉암의 단일화를 위한 비밀회동으로 인하여 대한민국 3대 대통령 선거는 이승만과 신익희 두 사람의 양자대결로 굳혀져가는 모습이었고 대통령 선거는 거의 신익희 후보의 우세가 승리까지 연결 될 것으로 예상되는 분위기였다.

그러나 선거를 10일 앞둔 5월 5일, 신익희 후보가 호남지방에서 유세를 하는 도중 열차 안에서 갑작스럽게 사망을 하게 된다.

그의 사망으로 이승만은 또 다시 경쟁자 없는 대통령 선거를 치를 수 있게 된 것이다.

당시의 민심이 어느 정도 상황이었는가를 상징적으로 확인할 수 있는 것이 3대 대통령 총선의 결과이다. 비록 경쟁자도 없고 관권을 이용한 부정선거까지 가능했기에 504만 6천 표를 획득한 이승만이 대통령으로 당선이 되긴 하였으나 단일화 대상이 급사하는 바람에 부랴부랴 다시 진보당으로 출마하였던 조봉암 후보가 216만 3천 표라는 생각보다 많은 지지를 얻으며 미래의 정적으로 떠올랐고 더 중요한 것은 이미 고인이 되어 살아 돌아올 수 없는 신익희 후보에게 185만 7천 명의 유권자들이 추모 표를 던져 주었다는 사실이다. 방법이야 어찌되었든 1대 간선제 선거와 2대 직선제 선거에서 항상 압도적인의 득표율을 보여주던 이승만이 얻은 득표수는 전체의 불과 55.66% 이미 죽어버린 신익희의 추모 표와 조봉암의 표를 합하면 무려 44.34%에 달했던 것이다.

훗날 박정희 대통령의 공화당에서 국회의원을 지낸 박종태 씨는 사실 3대 선거는 신익희 씨가 죽었어도 조봉암이 이승만을 이긴 선거라고 증언했다. 그의 증언에 따르면 당시 개표장에서 표를 100장 단위로 묶는데 조봉암의 표가 워낙 많이 나오니까 조봉암 표 98장에다가 앞뒤로 이승만의 표를 한 장씩 붙이고는 100장으로 계산했다는 것이다. 그런 짓을 했음에도 나중에는 양쪽에 붙일 수 있는 이승만의 표가 부족했다고 말하였다.

훗날 1960년 3 · 15 부정선거의 책임을 물어 4 · 19 혁명이후 형장의 이슬로 사라지게 되는 최인규 내무장관의 공무원 교육내용 중 "여하간 비합법적인 비상수단을 이용하여서라도 이승만 박사와 이기붕 선생이 꼭 당선 되게 하라. 세계역사상 대통령 선거에 소송이 제기된 일이 있느냐? 법은 나중이니 우선 당선시켜 놓고 보아야 한다"는 말의 근거가 된 선거였다.

■ 해공 신익희.
임시정부에서 이시영 등과 함께 대한민국 초대 헌법을 만든 독립운동가 신익희.
이승만 대통령은 그의 사망으로 인하여 위협적인 경쟁자가 없는 대통령 선거를 치르는 것이 가능하게 된다.

그리고 선거의 속사정을 누구보다 잘 알고 있던 자유당과 이승만은 자신의 강력한 정적으로 떠오른 조봉암의 처리에 대하여 고민하다가 대선 2년 뒤인 58년, '진보당 사건'을 조작하여 그에게 간첩이라는 죄목을 뒤집어 씌어 사형시켜버린다. 과거 이승만 자신이 대통령으로서 직접 농림부 장관으로까지 임명했던 조봉암이었다.

조봉암은 누구인가? 1946년 박헌영 (조선일보기자를 하다가 조선노동당을 만들어 좌익독립운동을 했던 북한의 부주석으로서 김일성에게 숙청당한다.) 과의 갈등을 계기로 사상전향을 한 후 김구선생과 동지가 되어 좌우합작운동과 남북협상 노선을 걸었던 1대 제헌 국회의원이었다. 헌법 기초위원장으로 대한민국의 헌법을 만든 사람 중 한 명이기도 하다. 또한, 이승만이 직접 임명한 1대 농림부 장관으로서 이승만의 대표적 업적인 농지개혁의 실제 제안자이기도 하며 국회부의장을 지내기도 했던 좌익 독립운동가였다.

간첩의 누명을 쓰고 구치소 안에서 사형을 기다리던 그는 "내 나이 딱 환갑입니다. 병으로 죽은 사람, 자동차에 치여 죽은 사람도 많은데 평화통일운동을 하다 이렇게 떳떳하게 죽으니 얼마나 기쁩니까." 라며 구명운동을 하려던 사람들을 오히려 위로했다고 전한다. 후일 조봉암은 "이 박사는 소수가 잘살기 위한 정치를 하였고 나와 나의 동지들은 국민 대다수를 고루 잘 살리기 위한 민주주의 투쟁을 했소. 나에게 죄가 있다면 많은 사람이 고루 잘살 수 있는 정치운동을 한 것밖에는 없는 것이오. 그런데 나는 이 박사와 싸우다 졌으니 승자로부터 패자가 이렇게 죽임을 당하는 것은 흔히 있을 수 있는 일이오. 다만 나의 죽음이 헛되지 않고 이 나라의 민주발전에 도움이 되기를 바라며, 그 희생물로는 내가 마지막이 되기를 바랄 뿐이오." 라는 유언을 남긴 채 형장의 이슬로 숨을 거두게 된다. 하지만 그의 유언과는 다르게 그의 일가는 이승만의 정적이었다는 이유 하나로 2011년 대법원이 무죄를 판결하여 사면 복권해주기까지 53년간, 간첩의 자식이라는 연좌죄를 뒤집어쓴 채 한 많은 대한민국을 살아가야 했다.

■ 죽산 조봉암.
형장의 이슬로 사라진 비운의 정치가.
그를 간첩으로 만드는데 이유로 작용했던 평화통일론은 시간이 흐른 오늘날 많은 정치인들의 통일모델로 참고 되고 있다.

조봉암의 처리를 끝마친 이승만 대통령은 자신이 2년 전에 바꾸어 놓았던 지방자치법을 다시 개정해버렸다. 지방의회가 선출하는 시 · 읍 · 면장에 대한 간선제를 부민직선제로 바꾸어 놓자 상당수의 야당 인사가 단체장으로 당선되어 버렸기 때문이었다. 이승만은 1958년 지방자치법을 뜯어고쳐 시 · 읍 · 면장을 임명제로 환원시켰다. 이승만 대통령에게 지방자치란 주민자치가 아니라 자신의 장기집권과 권력유지를 위하여 편의적으로 사용할 수 있어야 하는 것에 불과했다.

어김없이 시간이 흘러 어느새 85세가 된 고령의 이승만 대통령.

대한민국의 대통령으로서 삶을 마감하고 싶었던 이승만에게 1960년 4대 대통령 선거가 기다리고 있었다. 그리고 언제 죽는다 하여도 이상할 것 없는 이승만이였기에(당시 대한민국의 평균수명은 53.7세였다.) 그의 사망 이후 그를 대신해 국가를 지도해 나갈 부통령의 자리는 과거와 비교할 수 없을 만큼 중요한 승부처였다.

권력의 유지를 원하는 자유당과 이기붕 그리고 소수의 부패세력과 기득권자들에게 특히나 그랬다. 하지만 정상적인 선거는 물론이요. 과거와 같은 어설픈 정도의 부정으로는 4대 대통령과 5대 부통령을 뽑는 선거에서 승리할 수 없다는 것을 그들 스스로가 누구보다 잘 알고 있었기에 그들은 자신들의 사활이 걸린 1960년의 정 · 부통령 선거를 반드시 승리해야 했다. 그리하여 58년 민의원에 당선되자마자 내무장관에 임명시킨 초선 민의원 최인규를 앞세워 대대적인 부정선거계획을 준비해 나간다. 부정선거에 대한 첫 신호탄은 경찰의 수뇌부에 대한 대대적인 인사이동이었다.

그리고 이어진 것은 1959년 4월 30일 야당지로 불리던 가톨릭 재단 소유의 경향신문에 대한 폐간명령이었다. 폐간의 이유는 허위사실을 보도했다는 내용이었다. 허위보도가 사실인 것인지 아닌지도 시시비비를 가려야 하겠지만 만일 허위였던 것이 사실이었다 할지라도 정정 기사를 보도하도록 하는 것이 정상적인 방법이었으나 이승만과 자유당은 비상식적인 법적 근거를 들어 경향신문사를 가차 없이 폐간시켜 버렸다. 최우선적 수순으로 언론의 입을 틀어막아야 한다고 판단했었기 때문이었다.

또한, 제4대 대통령 선거 및 제5대 부통령 선거에서 승리하기 위하여 과거 빨갱이라는 미명으로 학살을 자행하는데 최선봉이었던 서북청년단과 이정재, 임화수와 같은 깡패들을 긁어모아 '반공청년단'이라는 국가폭력단체를 만들어 활용하기 시작하였고 당대의 연예인 대부분이 강제로 가입해야 했던 '반공예술인단'이라는 선거홍보단체를 결성하였다. 총재는 이승만이었고 부총재는 이기붕이었으며 단장은 신도환이었다. 그렇게 만들어진 대한반공청년단과 반공예술인단은 1960년 정부와 자유당의 선거 전위대였다.

그러나 이 암울한 시기에 민중의 희망이 되어야 할 야당인 민주당은 신파와 구파로 나뉘어 집안 다툼만 벌이고 있었다. 가장 안타까운 점은 민중이 기댈 수 있는 대안이 그들밖에 없었다는 것이었다. 최악보다는 차악을 선택하는 것이 정치라고들 하지만 눈물을 머금고 차악의 선택을 강요받을 수밖에 없는 현실은 민중들의 가슴을 후벼 팠다.

■ 최인규.
1958년 의원에 당선된 이후 교통부 장관을 거쳐 당선된 지 1년 만에 선거주무장관인 내무부 장관에 발탁되는 파격적인 승진의 주인공으로서 3 · 15 부정선거를 기획하고 지휘한 인물이다. 1960년 4 · 19혁명으로 자유당정권이 무너지자, 3 · 15정 · 부통령부정선거를 총지휘한 원흉으로 지목받아 같은 해 5월 3일 구속되었다. 1961년 12월 박정희 정부의 혁명재판부에서 3 · 15정 · 부통령선거의 부정선거를 지령한 혐의로 사형이 확정되어 서울교도소에서 집행되었다. 영원도록 권력의 중심에 있을 것이라 생각했던 그는 그렇게 형장의 이슬로 사라져버렸다.

■ 경찰수뇌부의 인사이동으로 경찰력을 확실하게 장악하는 최인규

신파와 구파의 내홍을 힘겹게 수습한 민주당은 대통령 후보에 조병옥 박사, 부통령후보엔 자유당정권에 의해 아무것도 할 수 없어 허수아비 부통령으로 4년을 지내야 했던 장면박사를 내세워 본격적인 선거전에 돌입한다.

1960년 5월에 실시하게 될 4대 대통령과 5대 부통령선거…

조병옥과 겨루어야 할 이승만에게는 자신의 마지막 대통령선거가 될 것이었고 4년 전 부통령 선거에서 장면에게 한번 패배를 맛보았던 이기붕에게는 이승만의 나이를 고려했을 때 목숨을 걸어야만 하는 선거였다.

선거전이 시작되려 하던 1960년 1월 29일, 이승만의 경쟁자였던 조병옥 박사가 위장병 치료차 미국으로 떠나자 이승만과 자유당정부는 기회를 놓치지 않았다. '농번기는 피해야 한다'는 구실을 붙여 4개월 뒤인 5월 15일 대통령 선거 일자를 3월 15일로 갑작스럽게 앞당겨 버린 것이다. 조병옥 박사의 입장에선 선거를 100여 일 앞두고 미국에 왔으나 합의도 없이 바뀌어 버린 선거일자로 인하여 55일의 여유기간이 사라져 버린 것이었다. 그러나 상황은 그것으로 끝나지 않았다. 이승만의 4번째 대통령 선거 상대였던 조병옥 박사가 수술을 마친 후 회복 하던 도중 미국에서 급사를 하게 되었기 때문이었다. 선거를 한 달 앞둔 2월 15일에 일어난 사건이었다.

이승만은 이번에도 역시 경쟁자 없는 대통령선거를 치를 수 있게 된 것이다. 국민 모두가 큰 충격에 빠졌다.

"나라가 망하려고 쓸 만한 인물들은 하늘이 다 데려간다."

"역시 이승만은 하늘이 내려주신 인물이다."

상반된 여론 속에 민중과 지식인들에게 다가온 청천벽력과 망연자실은 상상 이상이었다. 조병옥 박사가 위대해서가 아니라 다만 대통령 후보가 누구이건 민주당이 선거에서 이겨주길 바라는 일념, 민주당이 좋아서가 아니라 단지 세상이 한번은 바뀌어주길 빌고 있었기 때문이었다.

1,000환짜리 지폐와 100환짜리 동전 속에서 웃고 있는 이승만의 얼굴처럼 소수의 기득권자들과 독재정권의 하수인들이 고급요정에서 웃음과 노랫소리로 기쁨의 밤을 불태웠을 시간, 전국 방방곡곡엔 한숨이 가득차고 힘없는 지식인들은 눈물을 흘리며 울부짖었다. (1960년 대한민국에서 사용되던 대부분의 화폐와 대한민국 최초의 동전에는 이승만의 얼굴이 도안으로 사용되고 있었다. 500환짜리 지폐에는 이승만의 사진이 중앙에 배치되어있었는데 지갑에 넣으면 이승만 각하의 얼굴이 구겨진다는 괘씸죄를 물어 유통된 지 얼마 되지도 않은 지폐의 디자인을 통째로 바꾸는 해프닝도 있었다.)

■ 조봉암 박사.
미국에서 갑작스럽게 사망하게 된 독립운동가.
그에겐 미국의 군정시절 대한민국 경찰의 80%를
친일파 경찰로 임명한 씻을 수 없는 오명이 함께 한다.

하지만 민중의 슬픔이 이토록 세상 가득 울리고 있음에도 불구하고 민주당은 조병옥 박사의 사망으로 인한 계파의 이해득실을 따지느라 정신이 팔려있었다. 한심한 작태가 아닐 수 없는 이런 민주당이 그나마 유일한 대안인 시절이었다.

식민치하에서 의병활동을 하다 도산 안창호와 함께한 독립운동가 그러나 해방 후 미군정의 압력을 이기지 못하고 친일파경찰들을 대거 채용하여 민족에 어둠을 진하게 드리운 조병옥.

그의 시신은 싸늘한 주검이 되어 고국에 돌아와 2월 25일 국민장으로 세상과 이별을 고하게 된다.

망연자실한 심정 속에서 비통함을 억누르기 힘들어하는 민중들의 마음을 뒤로한 채 1960년 2월 28일 민주당과 장면 박사의 역사적인 대구시 정견발표 날이 그렇게 다가오고 있었다.

/제 2 장/

권력의 욕망

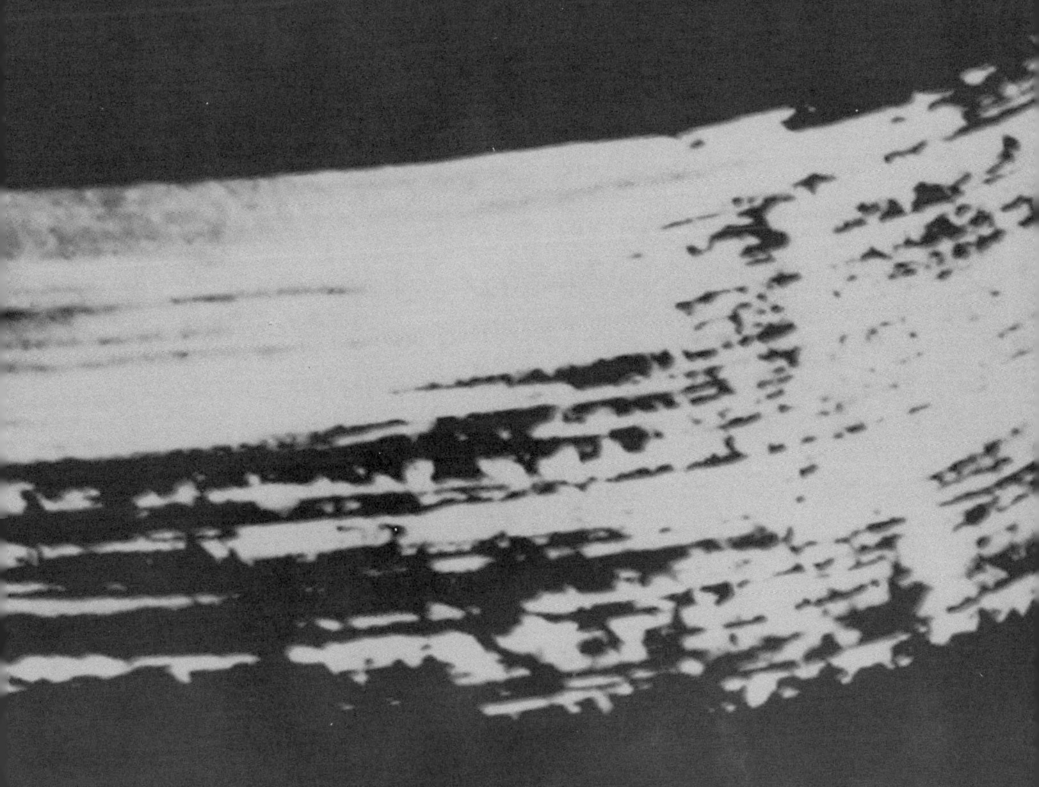

1960년 2월 28일 일요일

2.28 대구학생운동

일요일임에도 대구 시내 전체 학교에 강제 등교령이 내려졌다. 공무원들은 말할 것도 없이 섬유공장을 비롯한 거의 대부분의 공장 노동자들에게도 출근령이 전달되었다. 일요일엔 정기휴업을 하게 되어있는 이발소 미장원, 다방 등 관허가 업체 또한 공무원과 경찰들에게 찍히지 않으려면 쉬지 못하고 문을 열어 장사를 해야만 하였다. 바로 전날인 토요일에 하달되었던 단축수업과 조기퇴근, 강제휴업명령과는 너무도 대조적이고 상식적이지 못한 일들이 일어난 것이다. 교육의 주체라는 학교와 산업의 주체인 생산기업 그리고 소상공인들에게 상반된 강제명령이 내려진 이유의 배경은 이러했다.

4년 전, 3대 대통령 선거에서 막강한 선거경쟁자였던 신익희 후보가 총선을 10일 앞두고 유세 도중 갑작스럽게 사망했던 것처럼 1960년 대통령선거에서 거의 당선이 유력시되었던 야당의 경쟁자 조병옥 후보가 선거를 한 달 앞둔 시점에 미국에서 급사하게 되므로 인해서 이승만은 또 다시 경쟁자 없는 대통령 선거를 치룰 수 있게 되었으나 그는 언제 죽어도 이상할 것이 없는 고령이었다.

그러므로 자연스럽게 3월 15일 선거의 향배는 그의 신상에 문제가 생겼을 때 국가를 운영해야 하는 부통령 선출로 집중되어 있었고 정권교체를 바라는 사람들에게는 그것만이 유일한 대안이었기 때문이었다. 그리고 선거의 최대관심사였던 부통령 후보들의 대규모 선거유세가 대구에서 계획되어 있었다.

하루 차이의 27일 토요일과 28일 일요일을 맞이하는 태도에 있어 대구시 전체에 이런 코미디 같은 상황이 연출된 이유는 이기붕 부통령 후보를 지지하는 자유당 유세의 날짜가 토요일이었고 그 다음 날인 28일 일요일은 장면 부통령 후보를 위한 민주당의 유세가 있는 날이었기 때문이었다.

여기서 미리 짚고 넘어가야 하는 중요한 사실 중 하나는 1960년 대구의 정치적 성향이다. 당시 대구의 정치색은 지금과 너무도 달랐다. 지금으로써는 상상하기 어렵겠으나 대구는 전국에서 가장 진보적인 성향의 야당 도시로서 민주당은 대구와 경상북도가 없으면 당의 존립 자체가 흔들린다 할 만큼 야당의 성지와도 같은 지역이었다. 그렇기에 자유당으로서는 민주당 유세장에 갈 시민들과 학생들의 발목을 어떻게든 잡아놓으려고 했던 것이었다.

하지만 자유당 정부의 이런 치졸한 방해공작에도 불구하고 당시 유세장이었던 수성 냇가는 모여든 사람들로 인하여 인산인해를 이루었다. 정권과 공무원, 학교와 경찰 그리고 동장과 이장까지 나섰던 대대적인 방해를 뒤로하고 29만 명의 유권자를 가진 대구시의 시민들 중 약 20만 명이 모여든 것이다.

■ 대구 수성천변 군중 사진.
많은 방해를 이겨내고 장면의 강연을 들으려 모인 대구 시민들. 이 시절의 대구는 민주당의 성지 같은 곳이었다. 그들의 저항의식으로 인하여 장면후보의 강연장이 인산인해를 이루었다곤 하나 독재정권과 기득권층의 영원한 집권을 향한 생각은 악랄하면서 유치했다

자유당 정권에 지시를 받은 교육감과 학교장들이 발표한 학생들의 강제 등교 이유를 보면 개그프로그램의 소재로써도 될 만큼 궁색했다. '경북고등학교'는 일요일에 보건, 음악, 미술에 대한 학기말 실기시험을 앞당겨 치르기로 발표하여 학생들을 강제로 학교에 등교하도록 하였다가 학생들이 반발하자 시험 대신 단체 영화 관람으로 계획을 바꾸어 등교하도록 하는 해프닝을 벌이기도 하였고 '대구사대부고'는 임시시험을 명분으로 학생들을 학교에 나오도록 하였으며 '대구고등학교'에서는 학교 차원의 토끼사냥을 위한 강제 등교라는 말도 안 되는 이유로 학생들을 학교에 모이게 하였다. '대구상고'는 이미 끝난 졸업식 송별회 연습을 다시 해야 한다는 이유로 등교를 강요하였고 '대구여고'는 계획에도 없던 무용발표회가 펼쳐졌으며 '대구여중'에서는 일요일임에도 체육대회 한다는 이유로 등교를 강제하였다.

중고등학교뿐만 아니라 시내 대다수의 초등학교에도 갖가지 보충수업을 이유로 달아 전교생에게 특별등교 지시가 내려졌다. 동아일보의 당시 보도기록을 보면 상황을 상상하는데 도움을 받을 수 있다.

자유당 강연회 때는 강제로 동민을 끌고나가던 방장들은 이날따라 '콩쿠르' 대회, 반상회, 윷놀이 등을 대대적으로 벌렸다. 시내 달성동에서는 반공청년단 주최로 시민위안회가 서부 풀장에서 열렸는데 동민들을 무료입장시켜 노래와 춤을 보여주었으며 북비산동에서는 큰 윷놀이 판이 벌어졌다. 이런 갑작스러운 시민위안회 등은 야당 강연회에 가고 싶은 시민들을 붙들어 놓는 시민 불안회가 되었다. 각 중고등 학교에서는 시험, 졸업식 연습, 보충수업, 학예회, 음악회 등의 명목으로 강연회가 열리는 시각인 오후 1시에 학생들을 전원 등교시켜 강연회에 나가는 것을 방해하였다. 모 학교에서는 학생들이 이에 불만을 품고 선생에게 항의한즉슨 선생은 "너희들도 사회생활을 해보면 알게 된다." 고 말하여 우리나라 선생의 특수한 고민을 토로하였다는 이야기도 있다. 이날 선생들은 특별수당으로 이 천 환씩을 받기도 했다고 한다. (당시 선생님의 월급은 3천환이었다) 또한, 어떤 학교에서는 가정방문을 한다는 핑계로 학부형들까지도 집에 붙들어 두게 하였다 한다. 한편 이날 대구 시내에서는 부인들 사이에 "민주당 강연회에 가면 경찰에 붙들려간다"는 소문이 돌았고 어떤 사병은 "강연회에 가면 헌병이 취재를 한다는데 그것이 사실이냐?"고 신문사로 문의한바 있다.

이러한 상황에 분노한 학생들 중 경북고등학교 부회장 이대우 학생과 대구고등학교 학생회장 손진홍 학생을 포함한 대구의 여러 고등학교 학도 호국단 간부 10명이 2월 25일 비밀리에 모여 일요일 등교 후에 전교생을 모아 항의 시위를 할 것을 결의했다. 거사시각은 28일 오후 1시, 장소는 덕산동에 위치한 반월당 앞이었다.

주위에서 정부를 비판한 사람들은 다 잡혀가기 일쑤였고 현실적인 이유와 폭력의 공포를 핑계로 어른들과 대학생은 침묵하던 시절이었기에 고등학생인 그들이 시위를 하게 된다면 퇴학은 물론이고 여차하면 감옥에까지 가게 될 것이며 감옥에서 나오더라도 취직은 물건너가게 될 것이라는 현실적 두려움이 건재함에도 우리까지 침묵하면 한국은 영원히 못사는 나라가 될 것이라고 결의한 학생들은 "우리가 이대로 침묵해야만 하나, 이 사실을 사회에 폭로하자"며 두려움을 의기로 다졌다. 아직 여드름이 사라지지 않은 앳된 얼굴의 고등학생들이었으나 그들의 의기와 민주주의에 대한 각오는 정의를 외면한 어른들과 당시 침묵으로 일관하던 대학생들 보다 비장했다.

12시 50분

당시 경북고등학교 부회장이던 이대우 학생은 학우들과 함께 미리 작성해 놓았던 '전국의 백만 학도들을 향한 2 · 28 결의문'을 발표했다.

> 인류 역사이래 이런 강압적이고 횡포한 처사가 있었던가? 근세 우리나라 역사상 이런 야만적이고 폭압적인 일이 그 어디, 그 어느 역사책 속에 끼어 있었던가? 오늘은 바야흐로 주위의 공장도 연기를 날리지 않고 일주일의 6일 동안 갖가지 삶에 허덕이다 쌓이고 쌓인 피로를 풀 날이요. 내일의 삶을 위해 일주일을 정리해야 하는 신성한 휴일이다. 그러나 우리는 이 하루의 휴일마저 빼앗길 운명에 처해있다. 우리는 배움에 불타는 신성한 각오와 장차 동아를 짊어지고 나갈 굳건한 역군이요 사회악에 물들지 않은 백합 같은 순결한 청춘이요 학도이다. 우리 백만 학도는 지금 이 시간에도 타고르의 시를 잊지 않고 있다.
>
> "그 촛불이 다시 한 번 켜지는 날 너는 동방의 밝은 빛이 되리라……!"

이 민족의 울분, 순결한 학도의 울분을 어디에 호소해야 하나? 우리는 일치단결하여 피 끓는 학도로서 최후의 일각까지, 최후의 1인까지 부여된 우리의 권리를 수호하기 위하여 싸우련다.

학도여, 백만 학도여!

피가 있거든 우리의 신성한 권리를 위하여 서슴지 말고 일어서라!

일어서라 동방의 횃불들아!

학생들을 정치 도구화 하지마라!

일요일의 등교를 해명하라!

자! 이제 우리가 거리로 달려 나가자.

결의문을 낭독하자마자 '와!' 하는 함성소리와 함께 학생들 500여 명이 교실 문을 박차고 뛰어 나왔다.

학생들을 데모하는 곳에 가지 못하도록 하려고 선생님들이 교문을 걸어 잠가 버리고 시위 만류에 관한 교장 선생님의 연설이 급하게 이루어졌지만 정의감으로 무장한 학생들은 선생님들의 만류를 뿌리치고 잠겨 버린 교문 대신 학교 담을 넘어 거리로 달려 나왔다. 번개처럼 대구 전역의 학교들로 전파된 경북고등학교의 시위개시 소식으로 대구고등학교를 비롯한 대부분의 고등학교에서 울분과 의기에 가득 찬 학생들이 교문과 담을 넘어 거리로 달려 나왔다.

"대구의 고교생은 모두 죽었는가!"

"우리 청년학도는 비겁하지 않다."

"학원을 정치에 이용하지 마라!"

일제 치하보다 더한 폭력을 휘두르던 경찰들의 누적된 위압으로 인하여 혹여나 자신에게 책임이 돌아올 것을 두려워하던 선생님들만으로는 오로지 불의, 부패, 부정에 맞서 용감하게 거리로 쏟아져 나오는 학생들의 용기를 감당해 낼 수 없었다.

오랜 세월 동안 학교행사라는 명목으로 '자유당과 이승만 절대 지지'라 적힌 현수막을 든 채 똑같은 구호만 앵무새처럼 반복해야 했던 학생들… 2월 28일의 그들은 더 이상 관제시위에 동원되어 이리저리 끌려 다니던 연약한 학생들이 아니었다. 가슴에서 솟구치는 정의감과 민족의 정기, 마음에서 우러나는 외침을 토해내는 최초의 순간…

그 한가운데에 자리 잡은 학생들이었다.

■ 교문을 박차고 나오는 학생들과 학생을 막아선 선생님

오후 3시

학생들은 시민들의 아낌없는 박수와 열렬한 환영을 받으며 대구거리를 내달렸다. 소문이 번지면서 시위대는 점점 그 수를 더해가고 있

었다. 시민들은 양동이에 물을 받아와 학생들에게 바가지를 건네며 목을 축이게 해 주었고 학생들의 등을 토닥여 주며 응원을 더 하기도 하였다. 시민들의 환호에 자신들의 행동은 올바른 것이라 확신하며 힘을 얻은 학생들은 대오를 지어 경북도청, 자유당 대구당사, 도지사의 관사 등 장소를 옮겨 다니면서 목소리를 높였다.

■ 어깨동무를 하고 내달리는 학생들
길가의 시민들이 박수로 응원해주고 있다.

■ 양동이에 물을 받아 학생들에게 제공하는 시민들

오후 7시

시위 소식을 접한 수많은 경찰들이 진압을 목적으로 학생들을 향해 달려왔다. 그리고 경찰봉을 앞세우며 무자비한 폭력을 휘두르기 시작했다. 이곳저곳에서 학생들의 비명소리가 해 질 녘의 대구거리를 흔들었다. 출동한 경찰들의 몽둥이에 결국 머리와 얼굴이 터지고 팔다리가 부러지는 학생들이 속출했다.

이날의 학생 운동은 그렇게 진압되었다. 그리고 학생들 중 113명은 경찰서로 연행되었다. 하지만 2월 28일 용감했던 대구학생들의 목소리가 대구분지를 넘어 전국의 백만 학도들의 마음속으로 울려 퍼지기 시작하는 것까지 경찰의 폭력으로 막을 수는 없었다.

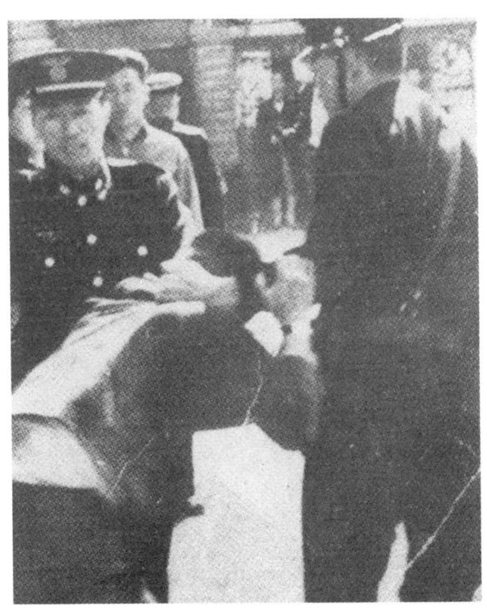

■ 시위를 진행하다 경찰에게 뒷덜미를 잡혀 연행되는 고등학생

일제 식민치하 36년과 자유당 독제 12년이 만들어 놓은 근성,

"그저 몸조심이 제일, 모두가 우리네 팔자소관"이라는 말로 민중이 자학하던 시대… 불의에 항거 했던 이날의 외침은 더 거대한 시위로 확대되지 못한 채 진압되어 버렸고 그날의 시민들은 대부분 응원과 박수만 쳐줄 뿐 시위에

뛰어들어 동참하지도 않았다.

학생들은 무더기로 잡혀 들어가 징계를 받았고 이승만과 자유당 독재정권의 권력유지를 향한 발걸음에 걸림돌조차 만들지 못한 것처럼 보였다.

하지만 이 사소해 보였던 학생들의 용기와 의기는 불씨가 되어 전국의 말라버린 땅 위로 떨어져 내리고 있었다. 너무 작아 잘 보이지 않았던 그 용기는 불씨가 되어 보름 뒤 벌어진 3월 15일 부정선거를 휘발삼아 성장하게 되었고 국민을 향해 무차별 총격을 가했던 경찰들의 폭력과 4월 11일 잔혹한 시체로 떠오른 김주열 학생의 시신, 4월 18일 깡패들에 의한 고려대 학생들의 피습, 그리고 너나 할 것 없이 떨쳐 일어난 4월 19일 수많은 국민들의 힘에 의하여 거대한 화염으로 타오르게 된다.

이윽고 거대하게 불타오른 분노의 화염은 종신집권을 계획하며 헌법까지 뒤엎길 예사로 여기던 독재정권을 시꺼먼 재가 되도록 불태워 버린다.

비록 이날의 주역들 중엔 훗날 한국 현대사를 얼룩지게 만드는 이들이 있던 것도 사실이지만 적어도 1960년 2월 28일 대구 1,200여 명의 고등학생들은 위대했다.

대구시 동성로에 조성된 2 · 28 기념공원과 두류공원으로 옮겨진 2 · 28 학생의거기념탑은 이곳을 찾는 시민들에게 정의롭게 떨쳐 일어난 대구의 용기를 전하고 있다.

1960년 3월 1일 화요일

3 · 1절 삐라 사건

대구에서 일어난 학생들의 시위소식이 사회적으로 큰 논란거리를 만들어 낸 가운데 맞이하는 3 · 1절.

휴일 아침에 일어난 시민들은 깜짝 놀라고 있었다.

민주당 부통령후보 장면에 대한 음해벽보가 전국적으로 일제히 나붙어 있었기 때문이었다. '다마오까 쓰도무의 모습'이라 이름 붙인 이 벽보는 소위 국민복이라 부르는 일본제국의 옷을 입고, 일본 군인과 장면 박사가 함께 서 있는 사진으로 '음흉한 친일도배의 속임수에 속지말자!' '민족정기가 통곡한다' 는 문구와 함께 일제치하 당시 박사의 약력이 소개되어 있는 전형적인 선거 음해용 벽보였다. (다마오까 쓰도무는 장면박사의 일본이름이다.) '구국철혈동지회'라는 조직의 이름으로 나붙은 이 벽보의 놀라운 점은 서울거리를 비롯한 전국 방방곡곡의 전신주와 담벼락마다 10미터가 채 안 되는 간격으로 붙어 있었다는 것이었다. 200만 장에 가까운 음해 벽보가 하룻밤 사이에 나붙은 것이다.

이에 선거 유세차 부산에 내려왔다가 아침에 벽보를 목격한 장면은

"일제 강점기에는 학교직원으로서 소위 국민복이란 것을 안 입을 도리가 없었다. 학교를 폐쇄당하지 않고 유지하기 위해서는 부득이했던 일이었다."고 해명하는 성명을 급하게 발표하였지만 선거전에 타격이 없을 리 없었다.

반면 3 · 1절 국가 행사가 거행되었던 서울운동장에서는 '공명선거추진 전국대학생투쟁회', '공명선거추진 전국학생위원회'라는 단체의 학생들이 만세삼창으로 행사의 종료를 알리던 시각에 맞추어 전격적으로 호소문을 살포하는 사건이 발생했다. 후일 언론에 의해 '3 · 1절 삐라 사건'이라 불리게 된 사건이다. 뿌려진 호소문에는 2월 28일 대구에서 일어난 학생운동을 알리는 글과 함께 '3 · 1정신으로 공명선거를 추진하자!'라는 제목의 장문의 글이 적혀있었다.

> 3월 15일의 선거는 우리 조국이 민주주의를 살리느냐 매장하느냐가 증명되는 날이다. 어느 누가 선거에 이기느냐 문제가 아니다. 오직 이 땅에서 국민의 주권행사가 공명정대하게 이루어지느냐가 문제일 뿐이다. 선거가 공명하게 치러지지 않는다면 이는 곧 선열들 앞에 죄를 짓는 것이요 민주 우방을 배신하는 결과가 된다. 우리 학도는 결코 고립되어 있지 않다.
>
> 우리의 교수, 우리의 총장들이 어떤 정파의 앞잡이가 되었을망정 공명정대한 선거를 추진하려는 우리 동지자들은 전국 방방곡곡에서 이를 갈고 가슴속에 불을 태우고 있을 줄 안다.
>
> 어느 누가 사수하여 할 것인가.
>
> 어느 누구의 강연을 듣고 할 것인가.
>
> 한 사람이라도 두 사람이라도 자기 소신이 명하는 데로 거리에 나와 공명선거를 외치자!
>
> 무지한 국민들에게 눈물로 호소하자.

호소문을 만들고 살포한 이들은 대구 학생운동의 소식으로 용기를 얻은 서울의 고등학생들이었다.

다음날인 3월 2일 경찰총장과 내무부 장관은 성명을 발표한다.

전국에 나붙은 불법유인물은 그대로 용인한 채 '대구학생운동'과 산발적 학생시위, 그리고 '3·1절 서울운동장 삐라 살포사건'을 학생들이 민주당에게 선동당한 사건으로 규정하고 불법행위로 간주하며 주동자를 끝까지 추적하여 색출하겠다는 성명이었다.

경찰의 폭력이 자연스럽던 시절에 이러한 발표는 명백한 위협이었다.

1960년 3월 3일 목요일

세상에 폭로된 부정선거비밀지령

경찰총장과 내무부 장관의 위협적인 성명발표 하루 뒤인 3월 3일, 민주당은 기자들을 불러 모았다.

경찰관 및 공무원에게 하달 된 '정부의 3월 15일 부정선거감행방법'이라는 자유당의 부정선거계획을 입수했기 때문이었다. 선거에 대한 너무도 엄청난 계획이 명시되어 있음에 경악한 민주당 관계자들은 이 계획은 반드시 세상에 밝혀야 한다고 판단했던 것이었다.

대한민국 역사 교과서에 '3 · 15 부정선거'라는 한 문장으로 교육되고 있는 부정선거계획의 원본을 최대한 상세하게 여기에 옮긴다.

3 · 15 선거계획과 방법지령

* 이번 정 · 부통령 선거인 명부작성에 있어서 '4할~4할5푼'(40%~45%, 이하로는 오늘날 익숙한 '%' 기호로 바꾸어 적는다)의 '유령 선거인 명부'를 작성하라.
* 득표의 목표는 '전체 유권자의 85%'로 정하고 실현에 노력하라.

85% 득표율 실현에 있어서 경찰의 전력을 투입하기 위한 방법의 일환으로 국장급을 포함한 전국의 경찰관은 미리 사표를 제출하도록 하라.

* 유령선거인명부의 작성은 대상자로 정해진 유권자 중 '자연기권 10%', '권유기권 30%' 등의 방법으로 한다.
* 기권방법은 '성명 오기', '번호표 미교부'를 십분 활용하라.
* 투표소는 최대한 투표가 불편한 장소를 선택하고 투표소 주변에 완장부대 300명과 반공청년단 20명씩을 배치하여 주변 분위기를 완전 제압하라.
* 총유권자 40%를 기권시킨 후 기권시킨 사람들의 이름으로 미리 투표를 하여 40%의 지지표를 확보한다.

40% 사전투표의 실행방법

* 투표 당일 새벽 3시부터 투표소 주변에 자유당과 반공청년단을 동원하여 투표장 100미터 주변을 경비하도록 하고 경찰관은 투표소에 외부인의 출입을 억제하라.
* 투표 시작 직전인 오전 6시 50분에 자유당 투표참관위원만 입회시킨 가운데 미리 찍어놓은 40%의 표를 일제히 투표함에 투입하라.
* 이후 법정투표 개시시각인 7시부터 나머지 유권자에 대하여 공개투표 하되 경찰에서 조직해둔 3인조 5인조 9인조를 매수 또는 위협하여 자유당 후보에게 선거권을 행사하도록 만든다.

3인조 5인조 9인조 공개투표방법

* 나머지 60%의 유권자에 대하여 한 명의 조장이 나머지 유권자의 기표를 확인한 후 자유당 지지로 확인된 투표용지를 조장의 감독하에 선거함에 넣는 공개투표의 방법으로 미리 훈련하여 최종적으로 이승만과 이기붕에 대한 85%라는 압도적 지지의 선거결과를 만든다. 자유당 후보가 85%의 득표를 하기 위하여 일선 경찰, 관청 및 각급 선거위원회에 선거방법에 대한 비밀지령을 하달한다.
* 만일 이 계획이 누설되면 두 번째 계획으로서 투표함 운반 도중 표를 조작하여 보충하고 두 번째 계획도 좌절되면 미리 조작해둔 표로서 모두 교체해야 한다.
* 모든 투표소는 입구를 한 개로 지정하되 완장부대와 행동대원들이 각 투표소를 확보하여 공포 분위기를 만들고 경계하며 만약 이 방법을 감행하는 데 있어 야당위원이나 참관인의 방해가 있을 시 '유혈극'을 실행에 옮기도록 한다.
* 앞으로의 선거운동기간 중에는 '야당계에 자동차나 스피커의 대차 및 대여', '유세장소'에 대한 일체의 허가를 불가능하게 한다.
* 경찰에서는 야당붕괴공작을 계속하도록 하고 행동대원은 야당운동원과 야당선거참관인에 대한 폭행을 실행하도록 한다.

선거인 사전포섭요령

* 사전포섭대상으로는 '구 진보당원', '국군하사관', '언론기관', '각종 시찰요인'및 '월북자 가족' 등을 포섭대상으로 하고 '금전', '이권', '위협', '회유'와 '공직에 임명'한다는 것을 포섭 조건으로 사용한다.

* 포섭대상자 중 명예심이 강한 자에 대하여서는 차기 '시장', '읍장', '면장', '동장' 또는 '도의원', '시의원'등의 공직에 취임할 수 있도록 추진하여 줄 것을 암시할 것. (당시의 지방단체장과 지방의회의 의원은 모두 임명직이었다.)
* 포섭대상자 중 정계에서 활약할 야심이 있는 자에 대하여는 '자유당' 및 '기간단체중요부서'에 '임시임명' 하거나 차후 '정식임명'되도록 주선할 것을 암시하여 자진 협조하도록 할 것.
* 포섭자 중 생활이 곤란한 자에 대하여는 금전과 기타 이권으로 매수할 것.
* 포섭자 중 경찰의 취조대상자에 대하여는 위협과 회유로서 포섭하도록 할 것.
* '야당 극렬분자' 는 공공연하게 접근하여 자유당이나 경찰과 내통한 것처럼 선전하여 동지들에게 '친경분자나 변절자로' 의심을 사도록 유도하여 자기 스스로 도태되게 할 것.
* 민주당 참관인이나 선거위원의 매수가 불가능할 시에는 선거 당일 직계가족의 사망전보를 쳐서 귀가토록 할 것, 이에 각 기관과 협조하여 각 기관별로 대책을 수립, 실천 할 것.
* 경찰은 전 경찰력을 선거에 투입하고 미리 비협조 공무원을 숙청하며 전직 경찰관을 '동장' 과 '이장' 등에 임명하여 선거 반을 편성할 것.
* 야당의 선거자금유입을 철저히 방지하기 위하여 '외국공관' 및 '외국 정보원'의 동향을 사찰할 것.
* 야당 운동원에 대한 행동억제를 위하여 경찰관의 근접감시 정보원을 통한 미행, 자유당원 및 반공청년단원을 통한 미행, 일가친척과

친구를 통한 충고와 감시를 실행할 것.

투표 당일 행동요령

* 40% 사전투표에 실패한 투표소는 한번에 5~10매씩 투표시키되 야당 참관인이 보아도 배짱을 부리도록 할 것.
* 야당 선거위원과 참관인에 적극적으로 술을 권하되 술과 물에 수면제를 넣어 정상적인 행동을 하지 못하게 할 것.
* 야당 참관인이 깡통에 소변을 보거나 투표소 내에서 식사를 하면 여당 참관인으로 하여금 따귀를 때리게 하여 쌍방을 모두 쫓아낼 것.
* '선거위원장이 오기 전에는 못 들어온다.' 하는 이유를 만들어 야당 선거위원은 투표소에 사전입장을 시키지 말 것.
* '야당의원', '신문기자', '외국인감시단' 등의 투표소 출입을 금지 또는 제한할 것.

폭로를 하는 민주당이나 그것을 받아 적는 기자들이나 도저히 믿기지 않는 사실에 놀라기는 마찬가지였다. 그리고 국민주권에 대한 강도짓이나 다름없는 정부의 부정선거계획이 백일하에 드러나게 돼버린 시점에서 자유당과 정부가 어떻게 변명할지 모두가 궁금해지는 상황이었다.

그러나 비밀지령 공개가 있었던 이 날을 기점으로 민주당 선거운동원들은 실제로 '반공 청년단'이나 '자유당원'에게 집단 폭행을 당하기 시작한다. 발표가 있던 3월 3일에도 민주당 선거위원 두 명이(이정록, 김관제) 장면 부통령후보에 대한 벽에 붙은 비방벽보를 찢고 돌아가던 중 반공청년단 단원으로 보이는 청년들 5~6명에게 집단폭행을 당하여 갈비뼈와 광대뼈가 골절되는 전치 5주의 사건이 발생한다.

또한, 광주시에서는 경찰이 민주당 후보의 선거벽보를 파손하는 것을 본 시민이 "경찰이 왜 선거벽보를 훼손하느냐."며 항의를 하자 오히려 시민을 '통행금지위반'으로 연행하는 웃지 못 할 사건도 발생하였다.

구국철혈동지회가 붙인 비방벽보 150만 장에 대한 민주당의 고발을 수사하던 서울지검은 "장면에 대한 비방벽보는 선거법 위반이 아니다."라고 손바닥으로 하늘을 가리는 발표를 하며 국민들의 눈과 귀를 막는 일에 일조하기도 하였다.

오로지 권력유지만을 바라보며 3월 15일의 정 · 부통령 선거를 위해 폭력적이고 야만적이며 치밀했던 부정선거 계획을 세운 이승만과 자유당 정권이 집권 12년 동안 국민 앞에 강조해왔던 것은 '자유민주주의의 수호'였다.

국민의 주권을 도둑질하고자 하는 이 만행을 세상에 공개해버린 민주당은 "만일 이 정보내용대로 선거가 실시된다면 이 나라의 민주주의는 도살되고 말 것이다."라고 지적하면서 이날의 폭로에 연이어 부정선거를 사전에 방지하기 위한 다음과 같은 26개 항목의 요구서를 제작해 중앙선거 위원회에 요청하게 된다.

1) 투표용지의 적절한 위치에 '야당추천 선거위원'으로 하여금 선거용지 확인도장을 찍을 수 있게 할 것.
2) 투표함의 투표용지 입구를 1매의 투표용지만 들어갈 정도로 제작

할 것.

3) 투표함은 각 투표구에서 정 · 부통령 선거용 단 한 개만을 사용하도록 할 것.

4) 투표소는 창이 아닌 벽을 등지게 설치하고 또 서로 인접 시키지 않도록 하여 한명 한명의 각개 독립으로 격리 설치 할 것.

5) 각 기표소의 가림막 포장은 여러 기표소에 대한 공동 포장으로 하지 말고 기표소 마다 '상반신'만을 가릴 정도로 각각 따로 포장하여 소위 투표자 간의 내통식 시설을 엄금 할 것.

6) 기표소 시설은 선거일 전날 오후 5시까지 완료 할 수 있도록 하고 그 상황을 각 후보자의 대리인이 점검하여 부당한 것은 시정케 할 것.

7) 투표일 전날 밤에는 각 후보자의 대리인이 투표소 내의 투표함을 감시할 수 있도록 할 것.

8) 번호표는 늦어도 투표일 전날 오후 5시까지 배부를 완료할 것
(1960년에는 동사무소에서 번호표를 배부받은 사람만 투표를 할 수 있었다.)

9) 번호표는 투표용지교부와 동시에 회수, 파기할 수 있도록 하고 투표용지를 투표함에 넣을 시 회수 구분함으로써 번호표를 이용해 공개투표의 위협수단으로 삼는 병폐가 절대 없도록 할 것.

10) 투표소로부터 100미터 이내에의 일반인 출입은 완전 자유임을 엄중히 하달하고 주지시킬 것.

11) 투표개시는 표준시계에 의한 시간을 엄수할 것.

12) 부락별, 방별, 통별, 반별, 조별, 시간별 투표를 금지할 것.

13) 법 제43조의 요청에 의하여 투표소 내에 경찰관이 들어가는 경우에는 반드시 정복을 입은 자에 한하게 하고 사복경찰관의 출입은 엄금할 것.

14) 선거위원, 참관인의 음료에 수면제 따위의 약이 혼입되는 일이 없도록 주의하게 할 것.

15) 공개적으로 자신의 이름을 적거나 상호감시하는 투표용지는 선거위원이나 참관인이 압수하도록 할 것.

16) 투표함의 봉인에는 '야당추천 선거위원'과 각 후보자의 참관인도 함께 확인도장을 찍게 할 것.

17) 투표함의 호송차량에는 각 후보자의 대리인 한 명을 동승케 할 것.

18) 개표 시의 참관인석은 개표대로부터 1미터 이내로 할 수 있도록 하고 개표 종사원을 마주 볼 수 있는 자리에 설치할 것.

19) 개표소의 일반 참관인은 각 후보자가 같은 인원수로 할 수 있도록 할 것.

20) 법 55조의 요청에 의거하여 혼합개표를 엄수하도록 할 것 21) 개표소에는 경찰관의 출입을 엄금할 것.

22) 개표 종사원이 출입할 때에는 각 후보자의 대리인이 소지물을 검사할 수 있게 할 것.

23) 각 후보자의 선거 사무장은 개표소 출입을 자유로이 하게 함으로써 외부와 연락을 차단당하는 일이 없도록 보장할 것.

24) 각 후보자의 투표 참관인 또는 개표 참관인이 불법에 대한 시정요구를 하는 경우에 질서문란이라는 생트집으로 축출하는 일이 없도록 할 것.

25) 개표 시에 야당추천 선거위원이 계표 상황을 심사하는 권한을 위원회의 결의로서도 제한할 수 없도록 할 것.

26) 투표와 개표의 통계표를 각 후보자의 사무장에게 교부하도록 할 것.

1960년 3월 4일
자유당의 오리발

당시의 부정선거계획을 기획했던 최인규 내무부 장관은 신문에 상세하게 발표된 3 · 15 부정선거지령을 민주당이 민심을 격화시킬 목적으로 조작한 허위공작이라는 내용이라 밝히며, 앞으로 선거전의 패배가 자명하니 패배하게 되면 선거를 포기하여 결과를 인정하지 않으려는 저의를 가진 허위공작이라 발표하였다.

"민주당의 허위발설에 관하여 3 · 15일 선거 전에는 법적조치를 취하지 않을 것이고 그 이유는 선거를 평화롭게 끝내기 위해서이다. 3 · 15일 선거가 끝나면 최인규가 감옥에 들어가든지 민주당 사람들이 감옥에 들어가든지 결판이 날것이다." 쏟아지던 기자들의 질문에 더 이상 거론하지 말라는 듯 내뱉은 최인규의 말이었다.

내무부 장관 최인규는 1919년 경기도 광주에서 태어나 이기붕의 수족으로 지내다 1958년, 처음 정계에 입문하자마자 교통부 장관을 거쳐 내무부 장관까지 역임한 인물이다.

자신이 만들어 낸 부정선거계획의 실행을 위하여 경찰수뇌부까지 전부 자신의 사람으로 인사조치했던 그는 “여하한 비합법적인 비상수단을 써서라도 이승만 박사와 이기붕 선생이 꼭 당선되도록 하라. 세계역사상 대통령 선거에서 소송이 제기된 일이 있느냐? 법은 나중이니 우선 당선시켜 놓고 보아야 한다. 콩밥을 먹어도 내가 먹고 징역을 가도 내가 간다. 국가 대업의 수행을 위하여 지시하는 것이니 군수, 서장은 시키는 대로 하라.” 라는 말을 남긴 것으로 유명하다. 부정선거의 핵심 인물로 사형을 선고받아 1661년 형장의 이슬로 사라지게 될 것이라고는 상상조차 하지 못한 그였다.

이에 ‘민권수호국민총연맹’이라는 야당성향의 단체는 민주당이 발표한 소위 정부의 선거방법 비밀지령에 대하여 성명을 발표하며 비난하였다.

이는 국민을 불법 무법 배덕의 악독한 공포 분위기 속에 몰아넣어 자유로운 기본권 행사를 박탈하려는 악질적인 민족반역의 독소이다. 만약 그러한 방법으로 선거가 강행된다면 그것은 선거가 아니라 반민주적 쿠데타이며 이것을 정부와 여당이 야당의 가공적인 조작이라고 반박하는 것은 비양심적인 자기기만이다.

그러나 그런 성명발표 따위는 대수롭지 여기지 않던 자유당이었다. 호남지역의 민주당 마지막 선거유세가 있었던 광주시에선 민주당 강연회를 방해하고자 오전 11시부터 시내의 8개 극장이 일제히 무료로 공개되었다. 심지어 영화입장권은 전날 저녁에 통 반장들이 주민들에게 직접 배부해 주었으며 입장권을 받은 주민들은 시간에 맞추어 통 · 반장의 집에 모였다가 단체로 영화를 보러 가는 일들이 아무런 문제없이 자행되고 있었다. 1960년대 국민들의 가장 큰 오락거리가 영화였기 때문이었다. 다른 오락거리라고 해봐야 윷놀이대회 따위가 전부였던 시절이었다.

또한, 유세장이었던 공설운동장으로 가는 모든 도로는 갑작스러운 보수공사로 통행이 힘들게 되었고 그날 광주의 대학과 고등학교에서는 느닷없는 학기말시험이 진행되고 있었다.

시내에 운행되고 있던 100여 대의 자동차 운전사들은 어디로 사라졌는지 장면 부통령후보가 도착할 무렵부터 광주역 주변에는 단 한 대의 택시도 볼 수 없었으며 3월 4일은 광주의 장날임에도 불구하고 시장은 텅텅 비고 장사꾼들도 찾아보기 힘들었다.

사람을 찾아보기 힘들었던 이유는 3월 2일과 3일에 진행되었던 전주와 목포의 민주당유세에서 그랬던 것처럼, 카메라를 둘러맨 사복형사들이 시내 골목마다 배치되어 일반 시민의 참석을 간접적으로 위협하고 있었기 때문이었다. 며칠 전 대구에서 일어났던 학생운동과 민주당의 부정선거계획의 폭로를 비웃기라도 하듯 여전히 전국 방방곡곡에서 이런 일들이 아무 문제없이 자행되고 있었다. 당시의 자유당과 이승만의 연설이 TV와 라디오 전파를 타고 전국에 중계되던 것과는 너무도 다른 선거전을 민주당과 장면후보는 꾸역꾸역 치러 나가고 있었고 여론을 주도하던 대다수 신문과 방송 또한 3월 1일에 부산 고무공장에서 발생한 대형 화재사고의 수많은 사망자 소식을 이용하여 전날의 엄청난 폭로를 덮어버리고 있었다.

수많은 지식인과 학생 그리고 민주주의를 염원하던 국민들은 자신들의 힘없음에 절망하며 자유당과 정권의 만행을 지켜볼 수밖에 없는 날들이었다.

3월 5일 토요일

민주당과 장면의 서울운동장 유세

하지만 수도인 서울에서는 '대구'와 '전주', '목포'와 '광주' 등 지방도시에서 일어난 자유당의 협잡이 통하지 않았다.

3월 5일 아침부터 서울 변두리의 여러 극장이 동시에 무료 개방되고 관청에 허가가 필요한 각종 회사와 영업장에서 회의를 소집하는 등 대구 등의 도시에서 만들어진 것과 유사한 상황이 발생하였으나 광주유세를 마치고 서울로 입성한 장면 부통령의 서울운동장 강연회는 수 백여 명의 경찰 제재에도 불구하고 그들이 어찌할 수 없는 정도의 사람들이 모여들었다. (한강 백사장이나 파고다 공원 등의 넓은 장소를 요청했으나 많은 인파가 몰릴 것을 두려워한 경찰의 허가 불가조치로 인하여 민주당으로써 선택이 가능했던 유세가능 장소는 서울운동장이 유일했다.)

이날 장면 박사의 선거유세와 정견발표를 듣기 위해 모인 사람 수는 20여만 명으로서 2만 명을 겨우 수용할 수 있던 서울 운동장에 10배가 넘는 인파가 운집한 것이었다.

"부통령이라도 빼앗기지 말아야 한다. 그래서 대통령을 견제라도 해야 한다"는 사람들의 염원이 그들을 이곳 서울운동장으로 오게 한 것이다. 이미 연설장소 내부는 모여든 사람으로 인산인해를 이루어 입구의 문조차 열리지 않았고 미처 들어오지 못한 사람들은 동대문, 을지로, 종로거리를 가득 메우고 있었다.

운동장 안팎으로 가득 찬 약 20만 명의 서울시민이 보내는 열광적인 환영과 박수갈채 속에서 오후 2시 20분 장면 부통령후보가 마이크 앞에 섰다. 연설 시간이 예정보다 1시간 남짓 늦어진 것은 연설시간에 즈음하여 일어난 갑작스러운 정전 때문이었다.

"우리나라의 위대한 정치가인 조병옥 박사가 서거하고 혼자 여기에 나오게 되어 슬픔을 금할 수가 없으나 고인이 된 선생의 유지와 민주주의를 갈망하는 여러분의 뜻을 받들어 눈물을 씻고 끝까지 싸우겠습니다. 민주당이 집권하면 국민이 주인인 나라의 기본원리를 보장하고 공명선거를 하겠습니다. 경제혜택의 균등을 도모하는 경제정책의 혁신을 하고 대일 관계 정상화를 이루어 내겠습니다."

장면박사의 연설에 이어 여러 연사들과 국회의원들의 지지연설이 진행되던 도중 비가 내리기 시작하였다. 점차 거세지는 빗줄기에 당황한 사람들이 하나 둘 발길을 돌리려 하였으나 "우리나라의 민주주의를 위하여 하늘이 눈물을 흘리고 있다. 하지만 우리나라를 구제하기 위해서는 눈물보다 우리가 피를 흘려야 한다."는 연설자의 애끓는 목소리에 다시 발길을 멈추고 비를 맞으면서 민주주의 만세를 하염없이 외쳤다.

이렇게 다시 유세와 연설이 시작되어 진행되는 가운데 운동장 실내의 한 편에서 소란이 일어나기 시작했다. 학생들이 준비했던 혈서시위를 실행에 옮긴 것이었다.

"유권자 여러분! 협박 공갈 위협에 떨지 말고 공명선거 추진하여 협잡 선거 물리치고 신성한 자유대한 우리 손으로 건립합시다."라고 외치는 한 여학생의 손에 들린 종이에는 손가락을 베어 피로 써 내려간 '부정선거 배격한다.'라는 붉은 글씨가 선명하게 적혀있었다. "여학생이다. 여학생이 혈서를 썼다!"고 외치던 사람들이 어린 여학생을 한 명을 어깨에 들쳐 메고 인파를 헤집으며 앞으로 나왔다.

혈서를 써내려간 장본인인 여고생이었다. 사람들은 급하게 여학생의 손가락을 치료해주고 옷가지 등으로 얼굴을 덮어 주었다.

혹여나 학생이 신분이 노출되어 후일 불이익을 당할까 걱정되는 마음에서였다. 다음날 신문에 '어린 여학생까지 혈서를 쓰다니 슬프지 않을 수 없다.'는 장면박사의 탄식이 실린 이유이기도 하였다.

민주당의 강연회가 끝난 뒤 수많은 학생이 종로 1가 화신백화점 앞 사거리에서 거리시위를 시작하였다. 대구에 이은 두 번째 학생운동이 서울 한복판에서 시작된 것이었다.

'부정선거를 배격한다.'는 구호와 함께 만세를 부르며 시위를 시작한 천여 명의 학생들은 거리 한가운데로 몰려들었고 민주당사 앞에는 어느새 고등학생들이 써내려간 수많은 혈서가 이곳저곳에 붙어 있었다. 경찰이 즉시 백차(당시의 경찰차)를 출동시켜 학생들을 경찰봉으로 해산시키려 하였으나 학생들은 폭력에 굴하지 않고 빗속에서 만세를 부르며 광화문으로 달리기 시작했다.

그러나 광화문에는 미리 대기하고 있던 경찰관과 기마대가 진압을 위한 준비를 마친 후 학생들을 기다리고 있었다.

폭력에 제압당한 수많은 학생들이 종로경찰서로 연행되었고 감정과 울분을 못 이겨 시작된 이 날의 학생운동은 그렇게 막을 내렸다.

당시의 고등학생은 학교 내부에 있는 경찰관과 선생님들의 반복된 교육과 폭력으로, 자유당이 필요로 할 때마다 강제로 거리에 나서 '이승만과 자유당 절대 지지'라는 하달 받은 구호만을 앵무새처럼 외치는 것이 상식으로 받아들여지던 시절이었다.

또한, 학생들은 정권과 자유당의 기관지라 불리던 서울신문만을 강제로 구독해야 하기도 했으며 만약 자유당을 비판하는 시위를 하다가 잡히면 퇴학과 암담한 미래, 그리고 가족들을 향한 불이익까지 감수해야 하는 상황이었다. 그럼에도 불구하고 떨치고 일어난 고등학생의 외침은 폭력에 굴하지 않았던 위대한 용기였음을 우리는 기억해야 한다. 왜냐하면, 대다수 대학생과 시민들은 불이익이 두려워 침묵하고 있었기 때문이었다.

대구에 이어 연달아 일어난 서울에서의 학생운동은 9일 남은 선거전 있어 '학생데모의 발생 여부가 승부의 중요한 또 다른 열쇠' 라는 사실을 세상에 각인시키면서 자유당과 이승만 정부에 시위 강경 대응과 단호한 처단이라는 위험천만한 결단을 강요하게 되는 결과를 만들어 내고 있었다.

1960년 3월 6일 일요일

자유당의 본격적인 부정선거활동과 3인조 투표연습

한강 백사장 등의 장소사용 불허 명령으로 정 · 부통령 선거에 대한 민주당과 장면 부통령 후보의 유세장소를 서울운동장으로 한정시키는데 성공했으나 자신들의 예상과는 다르게 모인 엄청난 수의 인파와 이어진 학생들의 울분에 찬 외침으로, 자유당은 심각한 위협을 느끼게 되었다. 그리하여 6일 아침부터 긴급회의를 시작한 자유당과 이승만 정권은 최근에 일어난 '2.28 대구학생사건' 과 '3 · 1절 삐라 살포사건', 그리고 '서울 학생 데모사건'이 민주당의 배후조종을 받은 계획된 시위라는 결론을 만들어 확실하게 밀어붙이기로 하였다. 회의를 마친 최인규 내무장관은 기자들을 불러 모아 다음과 같은 성명을 발표했다.

> 그간 일어났던 데모사건은 모두 계획된 사건이었으나 혼란을 방지하기 위해서 지금까지 처벌하지 않았으며, 처벌을 하지 않은 이유는 혼란이 일어나면 공산당에 이로울 뿐이기 때문이었다. 하지만 앞으로 이러한 계획된 시위와 소요가 일어나면 학생이라 할지라도 단호하게 처벌한다.

엄중 처벌에 관한 대국민 성명이었다.

그리고 대다수 유권자가 신문을 읽지 못하는 문맹임을 오랜 시간 동안 이용해왔던 자유당과 정부는 민주당이 공개한 자신들의 부정선거 계획문건이 50여 명의 사상자를 발생시킨 부산 고무공장의 대형화제로 가려진 틈을 노려 부정선거의 일환으로 기획했던 3인조 공개투표 훈련을 본격적으로 감행하기 시작하였다. 농촌유권자들을 위주로 조심스럽게 진행했던 부정을 전국적으로 확대해 나아가는데 박차를 가하기 시작한 것이다. 지령으로 내려온 훈련방법은 다음과 같았다.

1) 3인조 조원은 상호 간의 성명을 암송합시다.
2) 지정된 날은 다 같이 모의투표를 하여봅시다.
3) 3인조 조장은 야당 조원이 침투하나 철저히 감시합시다.
4) 예전과 같은 추모투표는 절대로 하지 맙시다.
5) 번호표에 대하여 대통령 투표가 끝나면 한 장은 종사원에게 제출하고 부통령후보 투표가 마저 끝나면 남은 한 장을 종사원에게 제출하도록 합시다.
6) 질서 있는 선거를 위하여 시간별 동원에 복종합시다.
7) 첫 번째 투표는 작대기 두 개 '이승만' 두 번째 투표는 작대기 한 개 이기붕에 도장을 찍을 수 있도록 철저히 교육 연습합시다.

이런 3인조 투표훈련의 모습을 조정래는 자신의 소설 '한강'에서 다음과 같이 묘사한다.

"자아, 지금부터 다시 한 번 연습을 하겠습니다. 어지께 헌대로 세 사람씩 짝을 맞추고 조장이 가운데 서서 붓대롱 얌전 허니 꼭 눌른 담에, 세 사람은 실수가 없는지 서로서로 투표용지를 바꿔서 확인허고, 그것을 투표함에 넣기 전에 우리 참관인 헌테 꼭 보이고 나서 잘 접어 투표함에 넣는 것이오. 지금부터 실습을 할 것잉께 어지께 맨치로 실수하고 틀리는 일 없도록 혀야 허요. 만일에 한 조라도 틀리면 내일 저녁에 또 연습허게된께. 다들 정신 똑똑허니 챙기오?" 면서기의 말에 사람들은 마치 아동들처럼 큰 목소리로 대답했다. 3인조 공개투표의 실습이 시작되었다. 사람들은 셋씩 조를 이루어 면서기가 지시한대로 해나갔다. 두 번째 연습이라서 틀리는 조가 없었다.

"참말로 얄궂고 요상헌 꼴 다 보겄네."

"긍께 말이시, 글라면 멀라고 투표허고 자시고 헝고… 눈감고 아웅도 유분수제."

"아이고 대통령자리가 그리도 존가, 요꼬라지 허는 것 아그들헌테 낯부끄러와 워디 살갔어."

사람들은 어둠에 묻힌 길을 더듬어 집으로 돌아가며 혀를 차고 있었다.

또한, 동시에 언론과 매수된 지식인, 문화인, 예술인, 연예인, 등을 동원하여 이승만의 신격화 작업을 위한 글과 공연을 세상에 쏟아내는 작업을 시작했다. 소설가 김팔봉의 서울신문 기고와 같은 글이 대표적인 것이었다.

나는 몇몇 미국의 저명한 인사들과 만나 담화한 일이 있었다.

그때 어느 저명한 대학 교수 한 사람이 이런 말을 했다.

"나는 세계 어느 위인보다도 승만 리를 존경합니다. 왜 승만 리를 존경하는지 아시겠어요?" 라고 내게 질문하는 것이 아닌가.

"대단히 감사합니다. 그런데 당신이 그분만을 존경한다는 이유를 좀 가르쳐 주시겠어요?" 하고 대꾸했더니 "생각해 보십시오. 다른 나라 위인들은 자기들의 국토와 정부가 있어서 정치도 하고 행정도 하고 국방도 할 수 있는 것인데 승만 리는 국토도 정부도 없는데서 자기의 국가를 만들어 냈단 말입니다. 미세스 김, 없는데서 있게 하는 것은 신만이 할 수 있는 일입니다."

이러한 낯 뜨거운 글과 공연이 세상에 넘쳐나기 시작했다.

대한여자국민당 임영신후보는 성명까지 발표하며 노골적인 아부를 동반한 찬양을 하기도 하였다.

세기의 영걸이신 이승만 박사를 광복된 조국의 초대 대통령으로 모시어 오늘날 4대 대통령에 이르게 되실 것은 오로지 하느님이 우리 민족에게 내리신 특별하신 은혜요 은총이라 믿어 의심치 않습니다. 더욱이 노익장을 과시하는 이 대통령의 성수야말로 한 개인의 건강이라기보다는 안팎이 모두 어지러운 이 나라에 축복이라 하겠습니다.

여하튼 이런 따위의 찬양의 글들이 이승만 정부의 기관지 역할을 자처하던 서울신문과 여러 잡지에 폭격이 쏟아지듯 실려지고 있었다. 민주당과 장면 부통령의 서울 유세 이후 위기를 느낀 이승만정부와 자유당의 본격적인 행동이 시작된 것이다.

3월 7일 월요일

압도적인 힘의 자유당

한 주를 시작하는 월요일이었음에도 불구하고 이날 춘천 인근에 주둔한 군인들에게 갑작스러운 외출이 허가되었다. 그뿐만 아니라 도청, 시청, 경찰국 등 각 관청은 각 부서마다 1~2명 정도의 직원만 남긴 채 사무실이 텅텅 비어있는 일이 벌어지기도 하였다. 해프닝의 원인은 3월 7일 오후에 춘천고등학교 광장에서 계획 된 자유당의 선거유세 때문이었다.

유세장에는 월요일 오후 2시였음에도 약 12,000명의 시민이 모여 있었다. 강원도가 자유당의 아성이기도 했지만, 부근의 공무원과 군인들 그리고 관공서와 관련된 사람들이 모두 동원되었기 때문이었다. 출석을 확인하고 있었기에 오지 않을 방도가 없었다.

자유당 유세에서 연설자 중 한 사람은 "민주당에 정권을 맡겨놓으면 자유당보다 더 못할 것이다. 체코슬로바키아의 대통령은 투표 없이 종신제인데 훌륭한 애국자인 이승만 대통령에 대한 투표나 경쟁은 말이 안 된다."고 말하면서 이승만의 종신제를 주장하기도 하였다. 군중들 중에는 '이승만을 모시자!'라는 등의 혈서를 써서 제출하는 사람도 있었다.

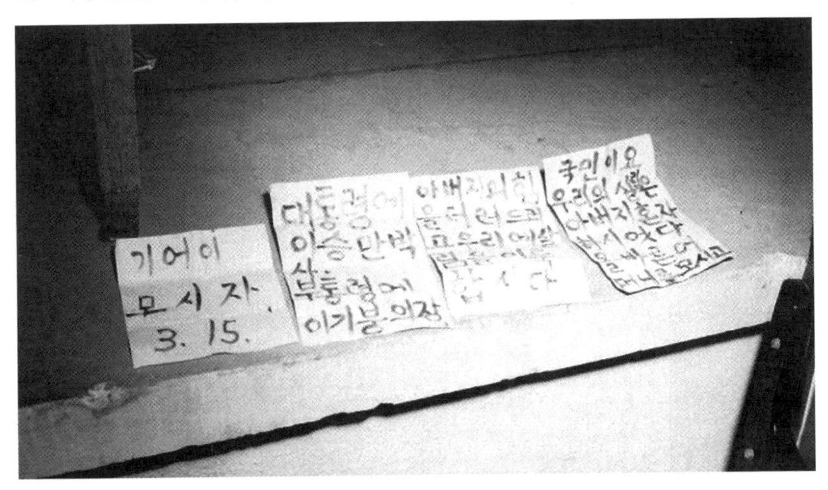

■ 3월 15일 총선에서 대통령에 이승만, 부통령에 이기붕을 반드시 당선시키자는 사람들의 혈서. 이승만을 아버지라 지칭하고 있다.

한편 서울에서는 재무부 장관이 이런저런 이유를 들며 은행 대출을 전국적으로 억제할 방침이라고 발표하였다.

자유당과 정부의 선거운동에 사용될 돈의 확보를 위해서이기도 했지만, 돈이 궁한 기업과 국민을 대상으로 경제적 압박을 해 나가겠다는 일석이조의 기획이었다.

야당 선거운동원에 대한 폭력사건과 테러 또한 본격적으로 시작되었다. 사천 지역에선 민주당 선거운동원이 마을 이장과 선거 이야기를 하고 있을 때 같은 마을의 반공청년단원들이 집으로 뛰어들어와 이장과 선거운동원을 무수히 구타하는 사건이 발생하였고 진주와 진해에선 민주당 선거유세 중 반공청년당원에게 선거운동원이 구타당하는 일과 함께 유세 중이던 선전용 마이크의 전선줄을 벤치로 끊어 버리는 사건이 다반사로 발생하였다.

서울에서는 국회의원 소유의 차량 위에서 선거운동을 하던 민주당원이 동사무소 방향에서 날라 온 돌팔매질에 크게 다쳤으며 차량의 유리는 파손되고 괴한들에 의하여 핸들이 파괴되어 운전이 불가능하게 되는 지경에까지 이르게 되었다.

인천 부평의 부개동파출소 앞에서는 민주당 선거운동원이 벽보를 붙이고 있는데 운동원임의 증명을 요구하는 경찰에게 운동원증을 제시하였음에도 운동원증에 사진이 없다는 핑계로 가지고 있던 벽보를 전부 압수당해버린 일이 발생하였고, 동인천에서는 유권자에게 지지를 호소하는 민주당운동원의 선거홍보물을 경찰이 찢어 버리며 운동원증까지 빼앗아 행방을 감추는 일도 일어났다.

그리고 합천에서는 지난 3일 합천시장에서 있었던 민주당 강연 시 확성기를 정비하고 배터리를 충전해 주었다는 이유로 라디오상 주인을 습격하여 유리문 전부와 기물을 파괴하고 도주하는 치졸한 폭력사건까지 자행되는 상황이었다.

하지만 일반 국민의 치안의무를 가진 경찰청은 "여야를 막론하고 선거운동에 학생의 동원을 철저히 금지시키고 학교는 중립을 준수하여 학생들의 경거망동이 없기를 엄중히 경고한다."라며 경고문 발표에만 열을 올리고 있었다. 한편 이날 서울운동장에서는 이승만 박사와 이기붕 선생의 '정 · 부통령 출마 환영 예술인대회' 가 개최되기도 하였다.

반공예술인단의 본격적인 활용이었다. 환영대회에는 당시의 이름난 남녀가수, 배우, 코미디언, 감독, 연출가, 극작가, 제작자 등이 총출동되었고 이날 대회에는 연예인을 한번 보고자 하는 시민들로 인하여 운동장은 발 디딜 틈조차 없었다.

폭력과 위협 그리고 회유와 포섭을 이용한 자유당과 이승만정권의 압도적 힘이 선거를 앞둔 대한민국을 뒤흔들고 있었다.

■ 이승만 이기붕의 정 · 부통령 출마 환영 예술인대회, 총동원된 예술인들이 이승만과 이기붕을 찬양하는 발표를 하기 위해 어깨띠를 두른 채 자신의 순서를 기다리고 있다. 그들로서도 어쩔 수 없는 선택이었다.

■ 이승만과 이기붕을 지지한다는 글을 낭독하는 연예인

■ 연예인을 보고 싶은 마음에 운동장을 가득 메운 시민들.

1960년 3월 8일 화요일

무력한 야당과 비겁한 어른, 그리고 정의를 외치는 학생들

자유당과 이승만 정권은 자유당 선거 대변인을 통하여 '3인조 9인조 투표는 투표연습을 하고 함께 이동하는 것일 뿐 공개투표는 아니다.' 라는 발표를 하고 이 내용을 교묘하게 꾸며 서울신문 등의 기관지와 다름없던 신문사들을 이용하여 주장하기 시작했다. 오늘날까지도 왕왕 사용되곤 하는 여론기관을 이용한 우기기가 시작된 것이었다. 3인조 9인조의 조직은 자유당의 기본조직이므로 자유당 지부의 사정에 따라 유효적절한 방법으로 선거운동과 기표연습을 시키는 것이 가능하다는 논리였다.

공개투표는 헌법과 선거법에 위반되는 것이므로 만약 3인조 9인조를 공개투표로서 연습을 시키는 일이 있다면 이를 중지시킬 용의가 있다. 하지만 우리들이 본 바에 따르면 3인조 9인조에 대한 조직적인 투표연습은 공개투표에 대한 것이 아니고 자유당 조직의 투표연습엔 공명선거가 잘 보장되고 있었으며, 민주당에서 운운하는 부정선거에 대한 비밀지령은 허무맹랑한 허위임을 느꼈다.

3인조 9인조의 자유당 조직체가 투표소까지 함께 모여서 이동하고 기표소에 함께 들어가 기표하는 것은 아무런 법에도 저촉되지 않는다. 기표소에 함께 들어간 후 서로 보면서 기표를 하는 행위를 의심하는데 이는 자유당원의 양심을 걸고 있을 수 없을 뿐만 아니라 헌법에 위반되는 행위이기에 발생할 수도 없다.

일반대중에게 거짓을 말하면 처음에는 모두가 화를 내기 시작한다. 하지만 반복적으로 거짓말을 말한다면 모두가 그것이 진실이라고 생각하게 된다고 주장한 히틀러의 선전부장 괴벨른의 선동 전략이 생각나는 대목이었다.

그러나 이러한 치밀한 술수와 폭력적 행위 앞에 해결책을 제시해야 하는 야당은 그저 하소연만 해대는 상황이었다.

민주당뿐만 아니라 이승만을 대통령 후보로 추대하고 자신들은 각각 부통령에 출마했던 '통일당'과 '여자국민당' 또한 자신들도 야당이라며 대국민 호소를 하기 시작하였다.

대전 대구 부산 등의 도시에서는 자신도 환영을 받았으나 농촌지역에서는 야당에서 누가 입후보했는지조차 모를 정도로 만들어놓았기 때문에 유권자들이 선거를 체념하는 상태에 빠지고 있다.

이러한 방법으로 설사 이기붕 씨가 당선된다 하더라도 이는 심히 부끄러운 승리라는 것을 자유당은 알아야 할 것이다.

김준연 통일당 후보의 비난성명에 이어 이승만을 '세기의 영걸이자 하나님의 은총'이라고 아부했던 여자 국민당의 임영신 부통령후보도 자신의 수행원과 선거운동원들이 순천시에서 자유당 청년들에게 무수히 구타당한 사실을 밝히면서 전 국민이 싫어하는 이기붕 부통령 후보를 자유당은 민주주의를 말살하면서까지 기어코 당선을 시키고자 하고 있다는 호소문을 발표하여 비판에 합세하였다.

한편 민주당은 대변인 성명을 통하여

> 어떠한 선거방해에도 불구하고 선거를 포기하지 않을 것임을 당 간부들이 밝히고 있으나 사실상 자유당의 극단적인 선거방해 때문에 농촌지역에서는 선거운동이 불가능한 지경에 이르렀다.
>
> 하지만 이번 선거는 승패가 문제가 아니라 민주주의를 위해서 싸운 야당의 투쟁을 역사에 기록하는데 의의가 있다.

라고 발표하였으나 '야당 선거운동원의 씨조차 남기지 않으려는 자유당의 강압적인 공포 분위기 속에서 과연 야당이 투표일까지 선거를 끌고 나갈 수나 있을 것인가?' 라는 내부의 목소리가 확산되고 있는 상황이었다.

그도 그럴 것이 3인조 9인조로 투표하게 될 것으로 의심되는 농촌과 지방뿐만 아니라 대도시인 서울에서도 각 지역마다 동장과 통장, 반장들의 주도하에 선거에 대한 반강제적인 반상회가 열리기 시작하였기 때문이었다. 전국적 규모의 선거반상회였다.

하지만 학생들만은 달랐다. 이날 대구와 서울에 이어 대전을 비롯한 지방도시 학생들이 국민주권의 목소리를 높이며 거리로 뛰쳐나온 것이었다. 이미 전국의 고등학교와 대학교엔 경찰 병력이 감시를 위해 자리를 지키고 있었고 민주당과 장면 박사의 연설이 있던 대전은 더할 나위 없이 삼엄한 경계가 있었음에도 엄중 처벌이라는 정부의 경고를 감수한 학생들이 벌 때처럼 들고 일어선 것이었다.

학교 밖으로 나온 천여 명의 대전 학생들은 결의문을 앞세우며 시위를 시작하였다.

학교와 학생을 정치 도구화 하지 말라!
그리고 자유로운 학생의 동태를 감시하지 말라!
우리 학우는 서울신문의 강제구독을 반대한다.
또한 진리를 탐구하는 신성한 학원에 어떠한 사회적 세력의 침투도 용납할 수 없다.
우리의 거사는 오로지 정의감과 자발적 의사에서 나온 것임을 밝힌다.
다만 오늘을 기하여 거행함은 학생들의 사기가 왕성하기 때문이다.
우리의 주장이 관철되지 않을 때에는 동맹휴학도 불사한다.

구호를 목이 터져라 외치며 민주당 강연장인 대전 공설운동장을 향해 달리는 학생들의 가슴엔 정의감으로 들끓는 민족의 정기가 가득하였다.

■ 대전의 학생시위대열

■ 시골 길을 달려 나가는 대전고등학교 학생들

하지만 이날의 의기 넘치던 대전학생들은 미리 대기하고 있던 소방차와 경찰백차 그리고 수많은 경찰관들에 의해 몽둥이와 장총 개머리판으로 머리와 허리를 무자비하게 강타당하며 거리에 피를 흘리며 쓰러지게 되었다.

간간히 "평화적 시위를 하는데 왜 간섭이냐."며 끝까지 시위와 행진을 멈추지 않는 학생들도 있었으나 그들의 외침은 국가권력의 준비된 폭력 앞에 40분 만에 강제로 진압 되었다.

이로 인해 수많은 어린 학생들이 크게 다치고 40여 명의 학생들과 한 명의 교사가 주동자라는 죄목으로 경찰에 연행되었으며 440명의 학생들이 대전고등학교에 강제수용 되었다.

강제로 수용당한 학생들은 "우리는 학원의 진정한 자유를 갈망하는 뜻에서 시위를 한 것이지 결코 어떠한 정치적인 의도가 없으며 선거운동과는 더더욱 아무런 관련이 없다. 경찰관들이 우리들을 총대로 두들겨서 머리가 터지거나 팔이 부러지고 어떤 학생은 허리를 다쳤다."며 몰래 학교로 잠입했던 기자들에게 울분과 눈물로 호소하였다. 이날 대전은 마치 계엄령이 내려진 듯 데모 해산 뒤에도 경찰병력이 총동원되어 밤늦은 시간까지 데모학생들을 색출하고 다녔다. 하지만 시위의 시도는 대전만이 아니었다.

이날 부산에서는 동아고등학교를 중심으로 학생운동을 모의하던 16명의 학생들이 유인물의 인쇄를 시도하였다.

학교와 학생에게 자유를 달라.
부정선거는 학생의 피를 보게 한다.
공명선거 사수하여 민주주의 수호하자!

비록 유인물을 인쇄하던 도중 경찰에 발각되어 전원 연행되는 일이 발생되기도 하였지만, 전국 방방곡곡 학생들의 가슴은 정의감과 용기로 들끓기 시작한 것이었다.

자유당과 이승만 정권의 끊임없는 압박 속에서 대한민국의 여론 향배를 담당하고 있는 대학생들과 교수들, 그리고 수많은 어른들이 비겁한 침묵으로 일관하고 있던 시기에 오직 각 지역의 어린 학생들만이 권력의 폭력에 굴하지 않고 하나둘 민주주의와 상식을 외치기 시작하였다.

3월 15일의 정 부통령 선거는 그렇게 다가오고 있었다.

3월 9일 수요일

지식인의 목소리에 힘을 얻는 민주당

이승만 정권과 자유당의 권력유지를 위한 비상식적 행위로 '선거를 끝까지 이끌어 갈 수 있을까?' 라는 의구심에 괴로워하며 사기가 바닥으로 떨어져 있던 민주당과 선거운동원들에게 절망적인 심정을 더욱 가속화 시키는 소식이 이른 아침 신문을 통해 세상에 전달되었다. 그것은 며칠 전이던 3월 3일, 민주당이 부정선거계획을 폭로하면서 중앙선거위원회에 요청했던 부정선거 방지를 위한 26개항의 조치에 대하여 "위의 부정선거방지에 관련한 26개항의 요구에 대하여 공식적으로 토의할 수 없음." 이라는 선거위원회 간부의 인터뷰가 기사화되었기 때문이다.

이 소식에 서울대학교 총장을 지낸바 있던 교육자 장이욱 선생은 이날 '공명선거 추진 위원회'를 발족시켰다.

장이욱 선생은 23세 때 도산 안창호 선생에게 감명 받아 '흥사단' 에 입단한 인물로서 해방 후의 계몽 운동을 위해 미국으로 건너가 교육학은 물론 사회학, 경제학, 생물학, 지리학, 심리학, 자연과학, 종교 철학 등 학문 전반에 관한 지식을 쌓은 사람이다.

미국에서 공부를 마치고 한국으로 돌아왔을 때 신사참배를 거부하여 일제에 의하여 구속되기도 했던 그는 해방 후 1946년 서울대학교 초대 사범대학장을 거쳐 48년 서울대학교의 총장에 취임하였으나 철저한 계몽운동가이자 민족주의자였던 장이욱이 불편했던 이승만 정부에 의해 끊임없는 사퇴압박을 강요당한다.

결국 11월에 총장직을 사직한 선생은 그 후 미국으로 건너가 UN사령부 방송프로그램을 진행하다가 1960년 10월, 4·19 혁명 이후 새로 들어선 장면 정부에 의해 미국대사로 임명되지만 이듬해인 1961년 5월, 쿠데타로 박정희 정부가 들어서자 '군사정변으로 만들어진 정권은 어떠한 정당성도 가질 수 없다.'는 성명을 발표하고 모든 공직을 사퇴해 버린다. 한국으로 돌아와 남은 평생을 민주교사 양성과 사회의 교육화에 힘쓰던 장이욱 선생은 90세의 천수를 누리고 1984년 사망한다.

■ 장이욱 선생.
그는 도산 안창호에 감화되어 평생을
조국의 계몽운동에 힘썼던 독립운동가이다.

장이욱 선생은 '이번 선거의 의의는 어느 당의 승패에 있는 것이 아니라 공정선거가 이루어지는 여부에 있다.'라고 주장하며 성명서를 발표하였다. 공명선거가 왜 중요한 것인지를 밝혀준 그의 성명서는 오늘날 우리에게도 시사하는 바가 크다.

3월 15일 선거를 이제 목첩(目睫)에 두고 이것이 공명정대하게 되느냐 못되느냐 하는 것은 어느 정당이 이기고 지고의 문제가 아니다. 어느 한 정당이 부정한 수단과 방법을 감행해서라도 선거에서 승리를 얻고 그래서 정권을 장악하면 목적을 위해서는 무슨 짓을 해도 좋다고 하는 교훈이 깊이깊이 인상되어 갈 것이 아닌가. 정권을 유지하고 혹 빼앗기 위해서는 어떠한 악랄한 수단을 취해도 통한다고 하는 체험을 주는 것이 아닌가.

최근 몇 해를 통해서 우리나라의 민주주의 현실은 우방 여러 나라로부터 걱정하는 심경으로서의 비판을 받아왔다. 우리는 민주주의 진영으로부터 고립해서는 살 수 없다. 특히 이 나라의 지도자 여러분을 향해서 호소한다. 이번 선거가 어느 정도로 공정한 것이 되느냐 못되느냐 하는 것이 대내적으로나 대외적으로 이렇게 크고 어마어마한 결과에 직접 관여되어 있다는 것을 생각할 때 어찌 정권욕에만 사로잡힐 수 있겠는가.

장이욱 선생의 성명에 힘을 얻은 민주당은 전날 발표된 '자유당의 3인조 선거는 위헌이 아니다.' 라는 글에 대한 반박성명을 발표하며 비난을 시작하였다.

자유당이 3인조 9인조는 자신들의 기본조직임을 밝히고 3인조 합동투표가 합법이라고 주장하지만, 이는 결사의 자유를 보장한 헌법 제13조에 명백히 위반되는 강제적 국민조직으로 공산독재국가의 세포조직형태와 다름이 없는 극히 위험한 사상이다.

동시에 그러한 방식의 투표가 헌법의 자유, 비밀투표 규정에 저촉되지 않는다고 강변하고 있음은 실로 전율할 일이다. 자유당은 3인조와 9인조 조직을 즉시 해체하라

하지만 공정선거와 올바른 국민주권의 행사를 위한 몸부림이 사회 이곳저곳에서 일어나고 있음에도 불구하고 전국적으로 행해지고 있던 자유당의 강압과 폭력, 부정한 방법의 동원과 3인조 투표훈련은 더욱 더 가속 일로의 길을 달리고 있었다.

그것에 대하여 증명이라도 하듯 이날 밤 통행금지시간 이후의 어둠 속에서 장면 후보의 정상적인 선거벽보와 홍보현수막이 정체를 알 수 없는 사람들에 의해서 파손되어 버렸다. 불과 하룻밤 사이에 전국에 걸려있던 선거 홍보물 벽보의 80% 이상이 사라져 버리고 만 것이었다.

1960년 3월 10일
한계점을 넘어버린 자유당의 폭력

부정선거를 향해 끝을 모르고 달려가던 자유당의 폭력이 결국 한계점을 넘어가고야 말았다.

전날 밤 민주당의 상주읍 의원인 김형수 씨가 유세를 마친 뒤 귀가하던 중 인근의 교회 부근에서 괴한에게 칼에 찔려 중태에 빠져 버리는 일이 발생한 것도 모자라 여수에서도 9일 밤 민주당의 선거운동원이자 한 가족의 든든한 아버지였던 김용호 씨가 정체를 알 수 없는 8명의 남성에게 유리병, 곤봉, 쇠파이프 등으로 반 시간 가까이 일방적인 구타를 당하다 사망하게 되는 사건이 일어났다. 부정선거를 위한 패악이 결국 살인사건을 불러온 것이었다.

선전 스피커를 수리한 후 저녁을 먹으러 가던 길에 발생한 이 살인사건에서 더욱 놀라웠던 것은 경찰관 2명이 사건 현장 부근에 있었으나 폭행당하는 사람을 구하지 않고 슬금슬금 자리에서 사라져 버렸다는 증언이었다. 그리고 바로 이어진 괴한 중 한명의 갑작스러운 자수와 "다른 사람에 대한 원한이 있었는데 사람을 잘 못 보고 실수로 폭행했다"는 자백을 끝으로 살인사건 용의자들에 대한 더 이상의 추가 검거는 일어나지 않았다. 끝까지 수사하겠다던 경찰서장의 허울 좋은 말만 계속될 뿐이었다.

3월 15일 전까지 야당의 운동원 대다수를 무기력 상태로 만들려는 자유당의 계획은 상식의 선을 넘어가며 폭력과 공포를 이용한 성과를 거듭 올리고 있었다. 그러나 대다수의 어른들이 권력 앞에 타협하거나 침묵으로 정의를 외면하던 이날에도 학생들만은 폭력과 억압에 굴하지 않고 두려움을 떨치고 일어나 마치 독립을 위해 싸우던 투사들처럼 여러 지역에서 투쟁의 길을 이어 나갔다.

대구의 태평로에는 '이러다가 한국은 망한다. 백만 학도여 일어나자.' '강제선거하지 말고 공명선거 다시하자.'라는 내용의 벽보가 나붙기 시작했고, 수원에선 수원농고 학생들이 '학원 내에서 간접적인 선거운동을 배격한다.'며 학교 교문을 박차고 나와 미리 준비한 유인물과 함께 거리행진을 시작해 나아갔다.

충주에서는 남녀 구별 없이 모인 수백여 명이 학생들이 민주주의 만세를 외치며 거리행진을 진행하였고, 대전에서는 전날 경찰의 무자비한 폭력을 경험하였음에도 불구하고, 용기를 짜낸 대전 상고 학생들이 '학원에 자유를 달라, 친구들을 내놓으라!'며 들고 일어섰다.

하지만 전국 방방곡곡에서 일어난 수많은 학생들은 이날 역시도 경찰의 곤봉과 개머리판에 머리가 깨지고 팔다리가 부러지기 다반사였다. 전국 이곳저곳에서 시위주동자로 몰린 80여 명의 학생들은 추가로 연행되어 모질게 구타당하였다.

그러나 일제의 탄압이 심해질수록 목숨을 거는 독립투사들이 늘어 갔던 것처럼 경찰의 폭력이 강해질수록 가슴에 정의가 용솟음치는 학생들의 수는 늘어만 가고 있었다.

■ 난무하는 경찰의 곤봉

3월 11일 금요일

또다시 발생한 살인

선거운동원의 피살이라는 전무후무한 살인사건으로 죽음에 이르게 된 피해자의 장례식이 시작되기도 전에, 전라남도 광산군에서도 반공청년단 청년 중 한 명이 평상시에 지니고 다니던 단도를 이용해 두 사람의 옆구리와 손등을 찔러 사망에 이르게 한 살인사건이 추가로 발생하였다. 공명선거를 주장했다는 이유였다.

사망한 사람은 평범한 천주교 교인이었다. 다만 민주당 선거운동원 경력이 있었을 뿐이었다.

이렇게 연이어 일어난 죽음과 폭력의 공포는 매우 효과적으로 전국에 번져갔다.

또한, 각 투표구 마다 참관인 신고등록을 받는 관청의 담당자가 하루 종일 업무 자리를 이탈해버리는 일명 '부재전술'이 시작되어 야당참관인은 아예 등록조차 불가능하게 만들고 있다는 소식이 전국 방방곡곡에서 들려왔다.

경주지역 같은 경우 39개의 투표소 중 민주당 참관인 수속이 가능했던 곳은 단 한 군데에 불과할 정도였다. 선거를 치르는데 야당이 투표소에 참관인으로 조차 들어가지 못하는 상황이 만들어지면 투표소 내부는 모두 자유당참관인들로만 가득하게 될 것이고 그들이 무엇을 할 것인지는 불을 보듯 보이는 상황이었다. 또 다른 한편으로는 전국 여러 도시에서 산발적으로 일어나고 있던 학생들의 시위에 대하여 마지막 불씨조차 허락하지 않으려는 듯 연일 치안국장을 통한 강경진압성명이 발표되었다.

일부 학생 중 민주당의 정략적 사주에 의하여 정치적 데모를 일으키는 등의 경거망동으로 건전한 사회질서를 교란하여 결과적으로 공산도당을 이롭게 하는 것이 심히 통탄할 일이다. 경찰은 현재까지 민주당의 조종에 선동되어 그 당의 지시에 의해서 활동하고 있는 불순한 학생들의 명단을 모두 입수 하고 있다. 이 학생들은 지난날의 여러 지역에서 발생한 불법행위를 선동한 자들이므로 선거 후 입건할 방침이며 다시 한 번 강조하지만 차후 이러한 데모운동이 발생되면 용서 없이 엄벌에 처할 것을 밝히는 바이다.

민주당에게 괴로운 일은 여기서 그치지 않았다.

자유당의 계획대로 경찰의 억압과 괴한들의 폭력을 견디지 못하여 민주당을 탈당하는 선거운동원들이 속출하고 있다는 전보가 끊임없이 보고되고 있었기 때문이었다.

선거를 4일 앞둔 야당의 처한 처참한 몰골이었다.

3월 12일 토요일

계속되는 폭력 그리고 멈추지 않는 외침

절망적인 하루하루가 지나던 중 중앙선거위원회로부터 3 · 15 선거와 민주당의 26개항 요구에 관련한 공식적인 발표가 세상에 공표되었다. 민주당에서 제출한 부정선거 방지를 위한 26가지 조항 중 이미 공시된 것, 또는 법에 규정된 것 13가지를 제외한 나머지 13개 조항에 대해서 민주당 측의 요망과 취지에 따라 실시하기로 한다는 것이었다.

민주당으로서는 사막 속에서 오아시스를 만난 격이었으며 칠흑 같은 어둠 속에서 보이는 그야말로 한 줄기 빛이었다. 발표의 내용을 살펴보자 (너무 어려운 한자어에 대해서는 원문을 해치지 않는 선에서 수정하였고 오늘날에 쓰이는 한글을 첨가하였다.).

투표에 관하여

* 투표소 설비에 있어서는 선거일 전까지 대통령선거법시행령(이하부터는 '령'이라 한다) 제36조의 규정에 의하여 설비하되 기표소에 있어서는 타인이 기표상황을 규시 할 수 없도록(볼 수 없도록) 시설하여야 한다.

* 투표구 선거위원회 의원은 투표 개시 시간 전에 투표소에 무루참석(빠짐없이 참석) 하도록 사전 조치할 것.
* 선거인 명부 대조의 편의를 위하여 발행하는 번호표의 취급에 있어서는 신중과 정확을 기하여 조금이라도 불미스러운 일이 없도록 할 것.
* 투표함의 개수에 대하여는 법에 하등의 제한규정이 없으나 필요한 수만을 설치하도록 할 것.
* 투표소 설비 후에 있어서는 그 시설의 간수에 각별히 유의해야 할 것이며 특히 투표함과 투표용지 보관에 철저를 기할 것.
* 투표소 또는 투표소로부터 100미터 이내에서 연설이나 토론을 하거나 표에 관한 권유를 하거나 확성기를 사용하거나 훤소하는자(소란을 피우는 자)가 있을 때에는 해당 투표소의 선거위원회 위원장은 이를 제지하고 명령에 불복할 때에는 투표소 밖으로 퇴거(퇴장)시킬 수 있다. 투표소 100미터 이내에서는 일체의 권유행위를 금지하고 질서를 유지하여 투표소의 자유 분위기를 보장하기 위한 취지일 뿐 불입을 금지한다는 의미는 아니니 무단으로 출입을 제지하여서는 아니 된다.
* 투표용지의 교부, 투표소의 참관, 투표함의 봉쇄, 봉인, 이동 등에 있어서는 법령에 규정된 절차를 엄수하여 하나라도 유루(빠짐) 없도록 할 것.
* 투표소에 참집(참석)하는 선거인은 질서 정연히 투표소에 입소 하게 하여 투표소 내 · 외에 혼잡을 야기(일어나게)하게 함이 없도록 하되 될 수 있는 대로 도착순으로 투표하게 할 것.

개표에 관하여

* 개표소 설비에 있어서는 각각 설비하되 개표 사무의 신속, 정확을 기할 수 있도록 하고 후보자 또는 그 대리인의 좌석은 개표상황을 참관할 수 있는 위치로 하고 일반 참관인석은 구획된 장소로 하여 개표 사무집행에 지장이 없도록 할 것.
* 개표는 투표함이 전부 도착된 모든 투표를 혼합하여 행하는 것이니 유루(빠짐)가 없도록 할 것.
* 후보자 혹은 그 대리인 1인 또는 선거사무장의 신임장을 제시하는 자가 개표를 참관하기 위하여 개표소에 출입하고자 하는 경우에는 제한을 하는 사례가 없도록 할 것.
* 무효표 구분과 계산에 있어서 사망한 후보자에 기표한 투표는 어느 후보자의 성명에도 표를 하지 아니한 것으로 계산할 것.
* 투표수 계산에 있어서는 세심 유의하여 착오 없도록 할 것.

중앙선거위원회 발표가 당시의 많은 사람들에게 매우 고무적인 한 줄기 희망을 가져다 준 것이 사실이지만 치밀한 계획과 폭력으로 준비한 자유당이 과연 원칙을 지킬 것인가 하는 의문은 여전히 지워지지 않고 있었다.

왜냐하면, 전라남도에서 일어났던 반공청년단원에 의한 살인사건에 대하여 경찰은 여전히 추가범인을 잡을 생각을 하지 않고 있는 듯 보였으며 언론의 힘으로 만들어진 '민주당원이라 살해한 것인가 아니면 단순한 우발적 범행인가 그가 반공청년단인 것은 정말인가?' 따위의 보도들이 살인사건의 본질을 진실공방 내용으로 바꿔나가고 있었기 때문이었다.

또한, 경찰간부들의 학생시위 엄벌에 관한 발표는 방송과 라디오 신문들을 통해 매일 반복되며 사람들을 위축시키고 있었다.

학교의 안과 밖에서 경찰의 위협과 감시가 날이 갈수록 강성해짐으로 어느 학생들도 시위 따위는 상상하지 못하는 것이 당연해 보였다.

하지만 대한민국의 고등학생들, 그들의 가슴속에 용솟는 민족의 정기는 폭력과 위협 따위로 막을 수가 없었다.

오후 1시

부산의 해동고등학교 학생들은 학교 주변에 있는 사복 경찰의 감시를 피하기 위해 수업을 끝내고 뿔뿔이 흩어져 집으로 가는 척하며 학교를 나와 부산 광복동 제일은행 앞에 모여들었다. 은행 앞에 집결한 130여 명의 학생은 어깨동무로 대열을 만들고 동아극장을 향해 학도호국단의 노래를 부르며 시위행진을 시작하였다. 경찰의 위협과 감시가 대단하여 누구도 예상하지 못했던 터라 동아극장 앞에 도달할 때까지 그들의 시위는 아무런 제지조차 받지 않았다. 흩어지지 않으려고 서로서로 스크럼을 만든 채 구호를 외치고 노래를 부르며 동아극장을 지나 제일극장 앞까지 도달하였던 학생들은 부랴부랴 달려온 경찰관들과 충돌하였지만, 끝까지 어깨동무를 풀지 않았다. 경찰의 폭력에 굴하지 않고 스크럼을 풀지 않은 채 끝까지 항거하였던 것이다.

하지만 아무리 평화적인 시위를 하려고 해도 경찰봉 앞에서 버티는 것에는 한계가 있었다. 시위를 하는 주체는 아직 여드름이 가시지 않은 나이 어린 고등학생들이었기 때문이었다.

결국, 학생들은 경찰의 일방적인 폭력 앞에 해산되었고 사로잡힌 12명의 학생은 주동자라는 죄목으로 연행되어 학생의 신분임에도 불구하고 늦은 밤까지 문초를 당하였다.

이렇듯 강력한 억압과 불합리가 전국을 지배하고 있었으나 용기 있는 학생들의 저항 또한 전국 여기저기에서 끊임없이 시행되고 있었다.

국가 전체를 열병처럼 타들어가게 하던, 광기로 얼룩진 선거를 목전에 둔 나날이었다.

3월 13일 일요일

매수되는 국민과 오욕의 거리

선거가 이틀 앞으로 다가온 12일 역시 폭력과 구타사건의 소식은 끊이질 않았다.

인천에서는 "민주당에서 급한 사고가 났으니 곧장 당으로 나오시오." 라는 말을 듣고 밖으로 나온 민주당원 이영복(51) 씨가 대문을 부시고 들어온 괴한들에게 철봉과 곤봉으로 후두부와 전신을 맞아 병원으로 실려 가는 일이 발생하였고, 김제에서는 야당의 투표참관인이었던 윤영환(41) 씨가 투표 당일 투표소에 나가지 말라는 경고를 거부했다는 이유로 괴한 2명에게 피투성이가 되도록 전신을 구타당해 의식불명의 상태에 이르렀다.

이에 견디다 못한 민주당과 장면 후보는 이승만 대통령에게 공개장을 보내어 폭력과 부정선거를 막아줄 것에 대한 간곡한 부탁을 하였다.

존경하는 이승만 대통령 각하! 민주당은 각지의 양심적인 경찰관과 공무원으로부터 입수된 부정선거비밀지령 중 10종을 중앙선거위원회에 제시하고 이에 의거하여 "부정선거 방지를 위한 26개 항목"의 실천을 요청한 바 있사오나 이번 정 · 부통령선거의 양상은 비밀지령의 내용 그대로 착착 진행되고 있습니다.

그중 몇 가지 예를 들면 사전 4할 투입의 음모와 4할 공개투표의 훈련은 전국 방방곡곡에서 실시되고 있고 투표소 참관인의 신고서는 담당자가 자리를 비우는 일병 부재전술로 인하여 접수조차 거부되고 있으며 여수시와 광산군에서는 살인사태까지 발생하였습니다. 각하집정 12년간에 선거의 불법성은 갈수록 심해져 갔지만 이번같이 '살인선거'에 까지 이른 일은 없었으며 '민주선거'란 여지없이 말살되어가고 있습니다. 그러므로 각하께서는 이러한 모든 부정 불법 사태가 즉각적으로 그리고 말단에 이르기까지 철저히 시정되도록 엄단을 내려 주시기를 바라 마지않는 바입니다.

종례의 예에 의하면 각하께서는 선거 때마다 공명선거를 하라, 경찰관이 선거에 간섭하면 엄벌하겠다. 라는 공언을 되풀이하셨지만 실지에 나타나는 부정선거의 양상은 조금도 시정되지 아니하고 도리어 악화의 도를 가해 왔습니다. 그러므로 각하께서는 현하의 모든 부정선거사태가 즉각 시정되도록 엄중조치 하여 주심을 거듭 바라오며 그렇게 되지 아니하는 경우에는 모든 책임이 행정수반인 각하에게 있는 것으로 국내 · 외가 공인할 수밖에 없게 될 것을 유감으로 생각하는 바입니다.

장면 후보의 호소와 경고가 함께 담긴 공개장이었다.

하지만 자신들의 계획한 대로 4할의 유령선거인단과 3인조의 순조로운 훈련, 수많은 사람들의 포섭과 민주당원들의 탈당, 그리고 야당의 선거참관인 활동이 불가능해진 상황과 전국적인 공포 분위기 조성이 아무 문제없이 착착 진행되고 있음에 당선을 확신한 자유당은 오히려 성명을 발표하면서 민주당을 조롱했다.

'선거불응이나 포기는 비겁하다.' 라는 성명발표의 내용이었다.

민주당은 조병옥 박사가 서거했을 때 선거를 포기해야 했을 것이다. 민주당이 선거결과 불응의 이유로 투표구 참관인을 확보하지 못한 것을 들고 있으나 이것은 내분에 의한 자체의 약화와 지방당원의 이탈로 인한 인적고갈을 초래함으로써 자신들이 기일 내에 신고를 못 한 것이지 자유당이나 정부의 방해로 못한 것이 아니다.

민주당의 선거 포기설에 대해서는 신빙성 있는 정보를 이미 입수하였다. 민주당은 선거 포기의 명분을 찾기에 급급 고민하고 있는 것이다.

성명서에서조차 이미 자신들의 승리를 확신하고 있던 자유당과 정부였다.

■ 장면박사.
미국 가톨릭대학에서 공부를 마치고 동성상업학교와 계성학교의 교장으로 근무했던 그는 1948년도 제헌국회의 의원으로서 파리에서 열린 UN총회에 조병옥 박사 등과 함께 한국 수석대표로 참석하여 대한민국이 한반도의 유일한 합법정부라는 국제적 승인을 얻어낸 인물이다. 1949년에 초대 주미대사를 역임하기도 했던 그는 50년 6월 6 · 25전쟁이 일어나자 UN군 파병에 지대한 역할을 하기도 한다. 1955년 신익희, 조병옥등과 함께 민주당을 창당하여 이듬해인 1956년 총선에서 이기붕을 이기고 부통령에 당선된다.
4 · 19 혁명 이후 의원내각제를 채택한 제2공화국에서 국무총리가 되어 국민의 자유를 최대한 보장하려던 정책을 펼쳤으나 그것이 혼란과 무질서를 초래하여 1961년 5 · 19 군사정변으로 집권 9개월 만에 실각하게 된다. 하지만 36년의 식민지 생활과 12년의 독재 치하에서 살아오던 국민들에게 갑작스럽게 주어진 민주주의와 자유의 기대치는 9개월이라는 시간으론 도저히 어떻게 할 수 없는 성질의 것이었다. 이후 정치정화법이란 명목으로 연금생활을 강요당하다 1966년 간염으로 사망하였다.

하지만 당선이 확실하다고 생각하는 그들의 확신을 불식시키려는 듯 서울의 중심부는 거리로 쏟아져 나온 고등학생들의 시위로 하루 종일 시끄러웠다.

치안국장의 마지막 경고방송에도 불구하고 곳곳에서 공명선거를 외치는 남녀 고등학생들이 거리를 가득 메운 것이었다.

일요일 대낮, 서울 도심의 길 한복판에 모인 학생들은 연필로 써 내려간 유인물을 뿌리고 미리 정해 놓은 구호도 외치며 거리를 달려 나갔다.

그러나 당국은 이미 학생들의 시위에 대한 정보를 입수하고 있었다.

서울 전역에 수많은 경찰들과 선생님들을 배치시켰고 기마경관과 경찰 백차를 출동시켜 시위진압에 대한 만반의 준비를 끝마쳐 놓은 것이었다. 그리고 정오를 알리는 사이렌 소리가 학생들의 궐기 신호임을 미리 알고 있었기에 신호음 소리를 울리지 않도록 조치함으로써 대다수 학생들이 참여 시점을 놓치도록 유도하였던 것이었다. 그리하여 이날 서울 시내엔 엄청난 수의 고등학생들이 모여 있었으나 자신들의 예상과는 다르게 흘러가는 상황에 어찌할 줄 몰라 갈팡질팡하는 사이 경찰의 의도에서 벋어나지 못하고 손쉽게 각개 격파되어 버렸다. 또한 경찰의 폭력을 피해 마지막까지 시위를 이어나가던 학생들 역시 손수 만든 유인물을 뿌리면서 자신들의 피로 직접 써내려간 현수막까지 펼쳐 들었으나 준비했던 유인물과 현수막은 경찰에게 모두 빼앗긴 채 주동자로 연행되어 버렸다.

이어서 미리 약속이나 한 듯, 시위대가 진압되어 조용해진 거리에 스피커를 대동한 수많은 청년들이 경찰의 보호를 받으며 나타났다.

그들은 '전국대학생 구국총연맹' 따위의 거대한 깃발을 걸고 '자유당의 이승만 박사와 이기붕 의장을 지지한다' 는 현수막을 든 채 지프차를 몰면서 거리를 활보하였다. '아주청년동지회', '유석학생동지회' 따위의 관변 학생단체가 전부 동원된 것이었다.

"민주당 일파는 학생을 선거의 이용물로 하고 있다!"

"정치야욕의 도구로 학생을 선동하며 이용하지 말라."

"학생은 정치운동에 참가하지 말라."

경찰이 보는 앞에서 마이크를 이용해 선동을 하던 학생들은

정의를 외치다가 연행되어버린 학생들을 비난하며 지나갔다.

"자유당을 지지하고 학생데모를 배격한다"

관변단체 학생들의 시위는 경찰의 호위에 가까운 조치를 받아가면서 통행금지 사이렌이 울릴 때까지 밤늦도록 서울의 골목을 활보했다.

하지만 수많은 시민과 학생들은 누가 정치 선동에 이용되고 있는 것인지. 누가 자유로워야 할 서울의 거리를 오욕으로 가득 채우고 있는지를 이미 알고 있었다.

당시의 현실을 여실히 보여주던 상반된 목소리를 뒤로한 채 전국의 방방곡곡마다 3인조 5인조 9인조로 조가 구성된 시골 유권자들에게 선거 당일 투표장에 나갈 때 신을 새 고무신과 돈 봉투가 나뉘어졌고 또한 3인조와 9인조의 조장들에게는 자유당의 임명장까지 발부되었다. 알고 지내는 자유당원이 없으면 동사무소에 가서 호적등본 한 통 요구할 때조차 양담배 한 갑 손에 쥐여주어야 가능하던 시절의 임명장이었다.

■ 전국적으로 배포된 돈 봉투와 고무신 그리고 입당원서.
당시 자유당의 입당은 일상생활이 편의를 보장해주던 감투였다.

3월 14일 월요일
선거 전야

선거를 하루 앞둔 날, 문경군 점촌읍 옛골 마을 문경고등학교 학생 33명과 학우 400여 명이 '비록 시골에 치우쳐져 있으나 우리라도 민주주의의 선봉에 서야 한다.'는 결의문을 발표하며 순진한 농민들과 어른들을 계몽하자고 나섰다. 똑똑하신 나랏님들이 하시는 일이니 협조하는 것이 그저 올바른 일이라는 말을 믿고 3인조 투표훈련을 하던 순박한 시골농민들과 이들을 끊임없이 부정한 방법으로 유도하는 경찰의 악행에 더 이상 참지 못하고 떨쳐 일어난 것이었다.

지방유지 여러분께 드림

세기의 대기를 호흡하며 약진하는 이 땅에서 오늘도 내 고장 문경을 좀 더 훌륭하게 만들어 보겠다는 일념으로 분망하신 여러분께 깊이 감사를 드립니다. 나날이 세의 변조에 그 모습을 바꾸어 가고 있는 대한민국에 언제인지 그 한모서리에 불의의 싹이 엄청나게 자라고 있으니 이 무슨 불행한 일이며, 세계의 전모가 민주주의의 최대이상을 실현코자 지향하고 있는 이때에 어째서 우리의 조국 대한에서는 백성들의 비가가 높습니까?

민주주의의 두드러진 심볼이요 국민 참정권의 가장 존귀한 것이 선거전인데도 지금 닥쳐온 3·15 정 부통령 선거에 생각조차 못 할 부정들이 속속들이 밝혀지고 있으니, 이 얼마나 슬픈 일이며 한심한 일입니까. 이제 우리 문경고등학교 400학도는 하나같이 단결하여 민주주의의 성스러운 표제에 좀먹고 있는 악의 씨에 아니 그들의 위선적 온갖 정치 행각에 굳센 항의를 하려는 것입니다.

이론과 실제가 다르다는 것을 잘 압니다. 하나 이렇게 학교와 실사회가 다르다는 것에 대해서 경악해 마지않습니다. 여러분으로부터 저희들의 이번 행동이 부당하다는 비난이 있을 것이요. 또한, 어떤 불순분자가 있어 우리들을 배후에서 조종을 하고 있을지도 모른다고 생각 하실 것입니다만 저희들은 어디까지나 양심의 진지한 명령과 정의에 입각한 정도를 쫓아 어떤 정당에 편재된다거나 도시 학생들을 무의하게 모방한다는 의미는 추호도 없으며 비록 시골에 치우쳐 있는 저희들이나 국가를 사랑하고 민주주의의 선봉이 되어야 한다는 굳은 결의로서 이 고장 순진한 농민에게 이런 수단을 써서라도 계몽해야겠습니다.

다만 저희들의 마음에 조금이라도 꺼려지는 것이 있다면 그것은 잠시나마 사회질서를 문란케 한다는 것이 미안할 뿐입니다. 저희들의 순진한 아우성을 들으시어 십분(충분히) 이해 계시기를 기다리면서 향토 발전에 보다 큰 심혈을 기울여주시기를 빌겠습니다.

1960년(단기 4293년) 3월 14일 문경 고등학교 전교생 일동

선거를 하루 앞두었던 이날은 농촌지역의 학교였던 문경의 학생들뿐만 아니라 전국 대다수의 고등학생들이 협잡선거를 계몽하고자 하는 전단을 뿌리고 목소리를 높여 나갔다.

대한민국 방방곡곡에서 떨치고 일어난 수많은 학생들로 거리는 인산인해를 이루었다.

학생들의 하교 시간에 맞추어 전국의 경찰들과 교직원들은 거리마다 배치되었고 지나가는 학생들의 신분증을 일일이 대조하면서 검문을 실행하였음에도 불구하고 귀가를 강요받은 학생들 중 집으로 돌아가는 학생을 찾기는 힘들었다.

오히려 검문을 예상했다는 듯이 학생들은 50명~100명씩 짝을 이루어 제각각 연필로 미리 만들어 놓은 전단지를 뿌려댔다. 그렇게 '민주주의 수호'를 외치는 목소리가 전국의 골목을 메아리쳤다.

몇 번의 반복된 시위와 경험으로 경찰과 선생님이 상대적으로 집중되어 있는 도심의 대로를 요리조리 피해 가는 요령이 생긴 것이었다. 학생들은 마치 게릴라전투를 치르듯 소규모 시위를 산발적으로 시작하였다.

서울 종로거리에서 대동상업 고등학교 학생 300명은 '대한민국은 민주공화국이다.' 라고 연필로 급하게 만든 전단을 뿌리며 시위를 진행하였는데 개중에는 경찰의 몽둥이에 맞아 머리가 5센티미터 정도 짓이겨져 거리바닥에 핏물을 뿌리며 연행된 학생도 있었다. 당사자였던 고교 2학년 김상기 군은 기자의 시위 동기에 대한 질문에 "대한민국의 헌법을 지키기 위해서였다." 라고 말해 침묵으로 일관하던 대학생들과 어른들을 부끄럽게 만들기도 하였다.

이날 저녁 서울에서만 균명고등학교, 강문고등학교, 경기고등학교, 경동고등학교, 대신고등학교, 배재고등학교, 보인고등학교, 선린상업고등학교, 수송고등학교, 조양고등학교, 중동고등학교, 중앙고등학교 등 수많은 고등학생들이 비열한 국민주권강탈에 분개하며 한마음 한뜻으로 일어나 거리로 쏟아져 나왔다.

학생들은 광화문 앞에서 횃불을 밝히며 몽둥이로 진압하는 경찰과 백차에 돌팔매질로 항전하는 등 폭력의 양상을 보이기도 하였다. 서울에서 50~100여 명 규모의 야간시위가 산발적으로 일어나고 있던 시간을 같이하여 부산에서는 범천동 구름다리 주변에서 시작된 시위가 밤늦은 시간까지 계속되었다.

시위를 시도하다 실패한 뒤 이미 반동분자로 낙인 찍혀있던 동래고 학생들을 비롯하여 부산상업고등학교, 북부산고등학교, 영남상업고등학교, 테레사여자고등학교, 항도고등학교 등의 남녀학생들은 거리에서 팔짱을 끼고 스크럼을 만든 채 시위와 해산을 반복하였다.

"공산당식 테러를 우리 학생들은 배격한다."

"우리 선배들은 썩었다."

"우리 고등학생들만이라도 민주주의의 제단을 지켜내자."

"학원에 강제 선거운동을 하지 말라."

이들이 외치는 구호와 전단은 시내 사람들 발길 닿는 곳마다 울려 퍼지며 끊임없이 흩날렸다.

이들이 범천동 거리에서 시위를 시작하던 시간 부산 동성동 현대극장 뒷골목에서는 며칠 전 시위를 하다 연행되었던 해동고등학교 학생 20여 명이 다시 나와 '학도여 일어나라. 민주주의를 수호하자.' 라는 전단을 살포하며 목소리를 높이고 있었다.

인천에서는 송도고등학교 학생들 50명이 '학도여 일어나라.' 외치며 시위를 전개하였는데 의기를 참지 못하던 시민들이 합류하여 거대해진 시위대를 만들기도 하였다. 그들은 소방차와 물대포를 앞세운 경찰들과 30분이 넘는 시간을 대치하기도 하였다.

원주에서는 원주농업고등학교 1, 2학년 학생들이 어깨동무를 하고 '수호하자 인권', '취소하자 3인조', '실시하자 공명선거' 등의 구호를 외치고 전단을 뿌리면서 거리행진을 진행하였고, 포항에서는 포항고등학교 학생들 200여 명이 포항 수도산에 집결하여 덕산동을 거쳐 중앙로터리에 이를 때까지 목이 터져라 구호를 외치며 거리를 달려나갔다.

'학도여 일어나라, 민주주의를 수호하자.'라는 전국적인 외침은 마치

기름통에 붙은 불처럼 전국 각 지역에서 공명하듯 폭발하고 있었다.

때를 같이하여 미국정부조차 대한민국에서 발생하고 있는 폭력행위에 대하여 유감을 표명하기 시작하였다. 미국대사를 통하여 발표된 유감 표명은 AP통신을 타고 보도되었다.

타국의 국내문제에는 불간섭 정책을 취하는 것이 미국정부의 전통적인 입장이었다는 것을 여러분은 잘 아실 줄 압니다.

그러나 미국은 민주국가로서 자유선거와 한국에서 민주주의의 운명에는 깊은 관심을 가지고 있습니다. 미국정부는 공명선거를 통한 인민의 의사의 자유로운 표명을 믿으며 이에 위반되는 어떠한 행위도 배격한다는 점을 다시 확언하고 싶습니다.

미국정부는 자연히 3월 15일 선거운동과 관련해서 야기된 여러 폭력행위에 관해서 관심을 가져왔습니다. 이와 관련해서 본인은 대한민국이 공산주의와 대결하고 있는 처지에 있어서 민주주의를 유지하는 어려운 사명을 갖고 있음을 고려하고 싶습니다.

이것은 국토가 작은 저개발국으로서는 쉬운 일이 아닙니다. 그러나 우리는 한국 국민이 이 사명을 완수하는데 용기와 희망을 가져 주리라 확신하는 바입니다.

하지만 목이 터져라 외치는 학생들의 목소리와 신문 기사 따위는 전혀 들리지 않는다는 듯 자유당과 이승만정권은 성공가도를 달리고 있는 자신들의 계획에 더욱 박차를 가하였다.

하루 남은 선거전에서 그들이 최우선적으로 해결해야 할 문제는 야당의 선거참관인을 최대한 박멸하는 것이었고 그리하여 가능한 한 많은 투표소의 내부를 자유당 참관인 일색으로 만드는 것이었다. 전체 유권자 4할에 해당하는 미리 조작된 표를 투표 시작 전 투표함 안에 넣어야만 전체 유권자의 1,100만 표 중 이승만과 이기붕으로 미리 기표된 450만 명분의 조작표 확보가 가능하였고 그러한 4할 투표의 확실한 성공을 위해선 야당의 선거참관인 문제는 반드시 선결되어야 할 과제였던 것이다.

또한, 그렇게 해야만 이미 여러 번의 연습으로 훈련되고 고무신과 돈 봉투로 약속된 3인조와 5인조, 9인조의 조별공개투표가 계획했던 대로 이루어질 수 있었기 때문이었다.

참관인 등록마감 시한까지 담당자가 자리를 비웠던 일명 부재전술로 인해 3월 14일 기준으로 등록을 끝마쳤던 야당의 선거참관인 수가 전국의 400여 투표소 중 절반조차 넘지 못하고 있는 실정이었음에도 불구하고 여기에 안심할 수 없었던 자유당은 그들을 대상으로 한 집중적인 폭력테러를 자행하여 이날 하루 동안에만 56명의 야당참관인 및 선거운동원을 무력화시켰다.

마산의 한 민주당 당직자는 이날 당한 테러로 팔이 부러지고 척추뼈가 골절되어 병원으로 후송되었고, 김포 선거구 민주당 참관인으로 등록되어있던 김성근(30) 씨는 집에서 나오자마자 20대 초반의 장정 3명에게 15회나 칼에 찔려 중태에 빠지기도 하였다. 더욱이 이날 김포의 사건은 현장에 자전거를 타고 지나가는 경찰이 버젓이 존재하였음에도 감행되버린 폭력사건인 것이었다. 이처럼 선거를 하루 앞둔 자유당의 폭력과 위협수위는 목숨을 위협하는 정도까지 발전해있었다.

민주당으로선 정상적인 선거를 할 수 없는 지경에 이르게 되었다. 야당선거참관인이 입장할 수 있는 투표소라고 해보았자 보는 눈이 많았던 대도시 몇몇 선거구를 포함하더라도 전체 투표소의 30%에도 미치지 못하였기 때문이었다.

그나마 등록에 성공했던 참관인들조차 자유당의 야당참관인 해결을 위한 계획대로 내일 아침이 되면 직계가족의 사망전보를 받아보게 될 운명이었다.

자유당의 전국적인 3인조 투표강행지령 또한 조금도 완화된 기색은 없었다. 조장에 대한 임명장과 유권자에게 나누어주던 고무신은 이날 오전부로 전국배포가 완료되었고 그들이 만들어놓은 유령선거인단으로 인하여 남아있는 유권자의 번호표는 전체 유권자의 절반에도 미치지 못하고 있었다.

선거인명부에 이름이 적혀있는 사람들은 번호표를 부여받지 못한다 하더라도 선거 당일 본인확인절차를 거치기만 하면 자신에게 주어진 소중한 주권을 행사할 수 있도록 법률에 명시되어 있었으나 편의를 위해 만든 번호표제도를 의무사항으로 변질시켜 부정선거에 이용하는 자유당의 위압에 번호표 없는 투표는 시도 자체가 불가능한 상황이었고 간혹 논리적으로 시시비비를 따지려 드는 국민들에겐 가차 없는 폭력이 뒤따라 왔다.

전라북도의 어느 한 주부는 동사무소에 번호표를 받으러 갔다가 "당신의 번호표는 이미 투표함 속에 들어가 있어서 도리가 없다." 라고 말하는 동사무소 사무장에게 "왜 내 것이 그 속에 있느냐? 나는 투표한 일이 없다. 나의 번호표를 내 놓으라" 고 항의를 하다가 전신을 무수히 구타당하여 자애병원에 입원하는 일이 발생하기도 하였다.

일부 지역에는 야당 측 참관인들이 한곳에 모여 집단 합숙까지 시도하였으나 위협과 유혹으로 말미암아 그 중 다수의 사람들이 결국 선거참관을 포기하였고, 민주당의 선거참모들은 무수하게 이어지는 폭력과 당원들의 이탈에 피폐해져 무더기로 조작된 투표함과 3인조의 공개투표의 단순 감시 역할에서 조차 자신감을 잃어버린 모습이었다.

2월28일 학생데모의 시발점이자 4년 전인 지난 56년 정 · 부통령선거에서 발생한 부정 개표사건을 세상에 밝혀 장면박사를 부통령으로 당선시킨바 있는 강력한 야당성향의 도시 대구조차 참관인의 등록과 신고가 전체 투표소의 절반에 미치지 못하였고 자유당에 의한 3인조 공개투표 또한 계획대로 착착 준비되어 있는 실정이었다. 야당의 마지막 희망이었던 대구와 경상북도까지 이런 지경에 빠지자 민주당은 절망하며 시간이 지날수록 선거포기 상태에 빠지고 있었다.

그리하여 14일 오후 민주당중앙당은 '야당 선거위원과 참관인 그리고 당원들은 가급적 상해를 피하여 피신해 있도록 하라'는 선거 포기나 다름없는 긴급지령을 전국 핵심당부에 전파하기에 이른다. 그러나 이 지령조차 자유당 간부에게 먼저 알려질 정도로 대한민국에 설 자리가 없어진 민주당의 상황이었다.

전국에서 일어난 수많은 고등학생들의 외침도 전부 빨갱이와 선동세력에 이용당하고 있는 것으로 매도되고 있었다. 또한, 강압진압의 발표가 끝나자마자 거리마다 배치되어있던 경찰들의 끔찍한 폭력 진압이 반복되었다. 전국적으로 들불처럼 일어났던 학생들의 시위는 경찰봉을 앞세운 일방적인 폭력 앞에 1시간이 안 되어 진압되었고 서울만 하더라도 유치장에는 잡혀 온 학생들이 너무 많아 일반 범죄자를 연행했음에도 구속시킬 자리가 없어 현행범을 훈방하는 코미디 같은 일이 벌어지기도 하였다. 진압 한 시간 만에 서울에서 연행된 학생들의 수만 하더라도 300명을 훌쩍 넘어서고 있었다. 하지만 학생들에 대한 경찰의 무자비한 연행은 선거 당일 아침까지 계속되었다.

이날 광주 시내의 밤 풍경은 선거 전야의 상징적인 모습이었다. 180만 장에 육박했던 장면 후보의 민주당 선거벽보는 170만장이 넘게 훼손된 채 방치되어 있었고 마지막 모의 훈련을 치른 3인조 5인조 9인조의 부녀자들과 짚차 위에서 마이크를 든 청년들의 "자유당을 지지하자" 는 목소리만 거리를 메우고 있었다.

그들을 제외하고 밤거리에 보이는 사람이라고는 사복경찰들과 질서유지를 명목으로 출동한 헌병들뿐이었다.

야당의 대통령 후보 조병옥 박사가 이미 사망하여 당선될 것이 불을 보듯 뻔했던 이승만대통령, 그리고 그의 유고 시 대통령 자리를 물려받게 될 부통령이 누가 될 것 인가에 모든 이목이 쏠려있던 3월 15일 정 · 부통령선거…

당시의 상황을 여실히 보여주던 부통령 후보 마지막 기조연설문을 끝으로 3월 14일의 글을 마무리한다.

이기붕 자유당 부통령 후보

3월 15일 선거전이 대체로 평온한 가운데 오늘 종막을 내리고 내일이면 빛나는 결실을 얻게 되었다. 선거란 개표를 해봐야 아는 것이지만 전국적으로 국민이 여당을 지지하는 분위기를 보여준 것은 당연하고도 고마운 일이다. 이 마지막 찰나에 국민 여러분께 부탁드리고 싶은 것은 이성과 성의를 가지고 투표에 임하여 주심으로서 공명한 선거의 실적을 올려주시기를 바라는 바이다. 국민이 기만과 선동에 속지 않고 굳은 신념으로 투표의 권리를 행사하여 준다면 결과는 여당의 압도적 승리로 돌아올 것을 확신하는 바입니다.

장면 민주당 부통령 후보

마지막 순간까지 공명선거를 방방곡곡에 호소하고 싶다. 대통령에게 공개장을 보냈고 중앙선거위원회에 항의도 했다. 주권자인 국민이 양심과 소신대로 주권을 행사할 것을 기다릴 뿐이다. 전국각지에서 일어난 살상, 완전한 공포 분위기 때문에 선거가 이대로 간다면 국민의 기대대로 될 상 싶지 않다. 국가 장래를 위해서 통탄할 일이다. 국민을 날로 잡아서 강탈, 강압 그리고 도둑 강도질을 하고 또 속여서 설혹 이겼다고 하더라도 그것은 익인(국민에게 도움이 되는 것)것이 못될 것이다. 결국 민주낙원이라는 것은 하루아침에 되는 것이 아니기 때문에 관권과 금력 그리고 협박 속에서 어려운 형편에 국민이 놓여 있겠지만 이에 굴하지 말고 끝까지 소신대로 과감하게 유권자가 투표장에 임해주기만 바랄 뿐이다.

김준연 통일당 부통령 후보

민주 한국의 성쇠의 분수령이 될 3월 15일 선거는 오늘로 박도했다. 공명선거가 시행될 것을 각방으로 노력했으나 이렇다 할 반응을 보이지 않았을뿐더러 부정의 조짐이 일익우심(나날이 더욱 심해져)하여 가는 한심스러운 사태에 이르렀다. 전국 애국동포에게 호소한다. 끝까지 양심의 자유를 지켜서 소신대로 투표하여 주기를 바란다. 시적인(한때의) 억압이나 유혹에 못 이겨서 공개투표와 비밀개표를 묵과 한다면 장차 독재정치의 출현을 수긍하는 것이요 마침내 민주대한의 묘혈(묘지자리)을 장만하는 천추의 유한사(계속하여 한으로 남을 역사)가 되고야 말 것이다.

자포 자기함 없이 최후까지 주권수호에 분발하여주기를 바란다.

임영신 대한여자국민당 부통령 후보

부정투표를 강요하는 일이 있더라도 유권자는 절대로 속지 말고 투표의 자유로운 권리를 신성하게 행사하여야 할 것이다. 일부에서는 내가 금반(이번)의 선거전에서 입후보를 포기한다는 풍문이 유포되고 있으나 전혀 허무맹랑한 날조사실이며 단 한 표라 할지라도 나에게 주어진 깨끗한 표를 저버릴 까닭이 없다.

적어도 모든 여성 유권자 동지들은 나를 지지할 것을 확신하고 있다.

/제 3 장/

괴물이 된 권력

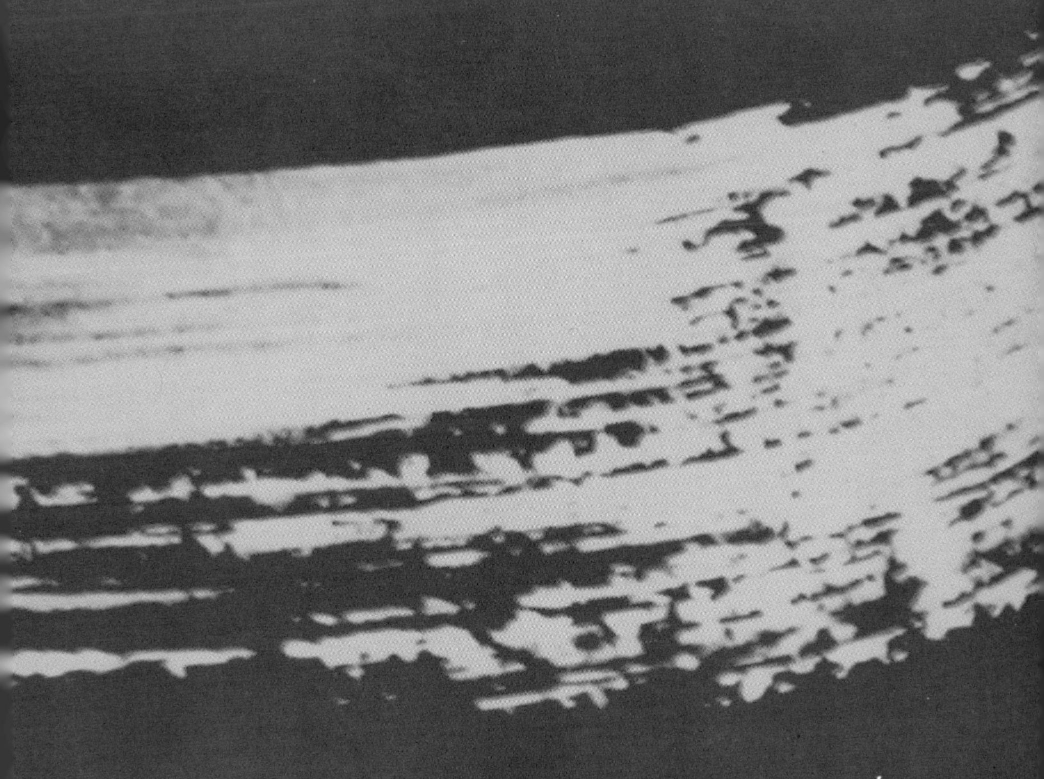

1960년 3월 15일 화요일

3 · 15 부정선거와 3 · 15 마산의거

대한민국 현대사에 있어서 최악의 부정선거가 자행된 3월 15일 대한민국 4대 대통령, 5대 부통령 선거.

대도시를 제외한 거의 전국의 유권자들은 예상했던 대로 3인조 9인조로 조를 만들고 삼삼오오 짝을 지어 공개투표가 예정된 투표장으로 이동하였다. 이른 아침부터 투표소에 전례 없이 긴 줄이 늘어선 이유는 3인조와 9인조로 묶여버린 유권자 모두가 사전에 미리 정해준 투표시간을 엄수하도록 강요받았기 때문이었다.

전국의 투표소에서 불법을 묵인하는 자유당 선거위원참관인들과 형사들 그리고 살기에 찬 반공청년단원들이 철통같이 각 투표소를 에워싼 가운데 선거가 진행되었다.

정 부통령 시행법에는 투표를 시작하기 전에 투표함을 검사하도록 규정하고 있었지만 투표함 검사시각에 입회하고 있던 야당 선거위원의 수는 거의 절망적인 수준이었다. 민주당은 며칠 전까지만 하더라도 '선거를 포기하는 일은 없을 것이다.' 천명하였지만 전국 도처에서 날

아드는 전보에 실린 투표 분위기는 공포와 전율로 일색이었고 선거 포기가 어쩔 수 없다는 소식을 감당하기 힘들었다.

■ 미리 정해진 순번대로 3인조 5인조씩 짝을 지어 투표소로 향하고 있는 여성유권자들

■ 관권에 동원되어 자신에게 정해진 투표 시간과 순번을 기다리고 있는 유권자들.

투표소에서 자행되었던 자유당과 정권의 만행은 민주주의 국가의 선거 모습을 완전히 학살하려는 것 같은 지경에 이르고 있었다.

동대문구에서는 투표참관인 최계명 씨가 투표함을 보여 달라고 했다가 강제로 축출 당하였고 용산구 청파동에서는 민주당 참관인 고재만 씨가 10명의 청년들에게 맞아 병원으로 후송되었으며 대전 시인동에서는 선거관리위원과 야당참관인이 이른 아침 집을 나선 후 행방불명되었다.

용산구 후암동에서는 16년 동안 같은 동네에 살아온 신정청 씨를 비롯한 수십 명이 번호표를 배부 받지 못하여 선거인명부와의 대조를 요구하며 항의했음에도 불구하고 후암동의 선거관리위원회는 끝내 이들의 투표권 행사를 거부하였다.

춘천에서는 대다수 투표장소의 기표소 가림막이 1미터 이상 찢어져 기표상황을 밖에서 감시할 수 있는 모습이었으며 한 유권자 증언기록에 따르면 투표소에서 민주당의 참관인은 찾아볼 수 없었고 반장들의 인솔 아래 3인조 9인조로 짝지어 도착한 시골 사람들의 투표가 법정 투표 시작 시간인 7시보다 두 시간이나 이른 새벽 5시부터 진행되었다고 한다.

또한, 기표소 가림막 안에는 자유당원이 들어서서 글 모르는 부인들의 투표를 대신해 주는 불법을 노골적으로 행하고 있었다고 한다(대통령 기표소 내부 송병옥 씨, 부통령 기표소 내부 김희원 씨).

충남 예산의 한 투표소는 야당참관인 등록이 되어있던 극소수의 선거구 중 하나였으나 폭력단과 경찰에 의해 야당 참관인은 강제로 축출되었고 법정 시작 시간 한 시간 전인 6시부터 삼삼오오 무리지어 찾아온 유권자들의 투표가 진행되었다.

경북 상주에서는 자유당 완장부대와 반공청년단원들로 인하여 야당 참관인 40여 명의 선거참관행위 자체가 거부되었고 그 중 격렬하게 항의하던 4명은 청년들에게 납치되어 행방불명 되었다.

순창에서는 수많은 투표소 중 순창면 제2 투표소에서만 민주당 군당 위원장인 홍영기 씨의 참관 하에 투표가 진행되었으나 오전 11시경 압력과 협박을 이기지 못한 홍영기 참관인의 참관 포기로 유일하게 야당 참관인이 존재했던 이곳의 투표소마저 이후 자유당 마음대로 진행되게 되었다.

부산의 영도구에서는 약 100여 명의 유권자가 자신들의 투표번호표를 달라고 외치다가 수많은 건장한 청년들에게 일방적으로 폭행을 당하였다. 여기에 더하여 청년들의 폭행을 보다 못해 만류하던 강우남(32)이라는 이름의 한 여인은 폭행을 가하던 청년의 칼에 왼쪽 팔목을 깊이 찔려 동맥이 끊어지는 비참한 상황을 맞이하기도 하였다.

울산의 투표소에서는 기표한 투표용지를 유권자가 투입하지 못하게 하고 자유당 선거위원에게 일단 인도해서 선거위원이 검사한 뒤 선거위원의 손으로 투표함에 투입하는 방법을 유권자들에게 강요하는 일까지 자행되었다.

동아일보가 보도한 시민의 증언과 야당의 도시라는 말을 무색하게 만드는 대구의 투표소 풍경은 이날의 선거를 상징적으로 보여준다 할 수 있겠다.

아무리 그들이 3인조와 9인조로 투표를 시키고 있다지만 우리 마을 사람 중 어느 누구도 자유당이 원하는 방법으로 투표할 생각을 하고 있지 않다. 하지만 3인조로 투표소에 입장했을 때 기표를 한 후 자유당 참관인에게 공개하지 않고 투표함에 넣게 되면 빨갱이로 몰겠다고 위협하면서 민주당 지지자는 때려도 죄가 되지 않는다고 협박당했다. 그리고 3인조 구성을 지키지 않고 혼자 투표하러 오는 유권자는 투표소 100미터 인근에 자리 잡은 반공청년당원과 경찰관에 의해 투표를 방해받아 투표소 가까이 가지도 못하는 상황이다.

살인사건까지 일어났던 여수에서는 모든 투표소에서 행해지고 있는 공개투표와 각종 부정선거를 도저히 막을 수 없어 민주당원들과 시민들이 합세하여 선거관리위원회에 시정을 요구하였지만 끝내 묵살 당하였다. 그리하여 민주당 여수지구 당원들은 오전 11시 30분에 참관인들의 전원철수와 함께 선거무효를 선언하였다.

대도시 몇몇 지역을 제외한 대한민국 전역에서 자행된 부정선거와 그 결과물로 모인 수많은 투표함은 야당의 참관인 없이 자유당 참관인과 경찰들에 의하여 봉인도 되지 않은 채 개표장으로 수송되어갔고 개표장 주변 또한 깡패들로 겹겹이 둘러싸여 살벌한 분위기에 누구도 가까이 다가가 부정을 이야기하지 못하는 상황이었다.

마음만 먹으면 언제 어느 상황에서라도 투표함을 바꿔치기할 수 있는 선거였다.

이러한 일들이 자행되기는 광주도 마찬가지였다. 지역에서 발생하고 있는 각종 부정선거를 막으려 전력을 다하였으나 모진 강압으로 인하여 참관인들을 모두 철수시킨 광주시 민주당 당원들은 오후 1시를 즈음하여 선거무효를 선언하였다.

그리고 사무실의 건물에 '곡-민주주의 장송'이라고 쓴 만장을 내걸었다. 민주주의가 사망했으니 장례식을 거행하겠다는 의미였다. 270

여 명의 민주당원과 민주당 참관인들 그리고 천오백여 명의 남녀시민과 학생들이 참가한 가운데 민주주의에 대한 장송곡을 외쳐 부르며 시가행진을 시작하였다. "우리의 민주주의는 오늘 완전히 도살되어 절명하였다." 라고 울부짖는 수많은 사람들의 외침은 곡소리가 되어 광주 금남로를 시작으로 빛고을 골목마다 메아리쳤다. 그리고 제압을 위해 나선 수많은 경찰들의 몽둥이에 의하여 야기 된 시위대의 비명소리와 통곡은 울려 퍼지고 있는 울음소리를 더욱 처연하게 만들었다.

"이 나라의 민주주의가 도살당한 오늘 평화롭게 민주주의의 장례식을 치르는 우리를 왜 구타하느냐! 우리는 울분을 품고 이 절명된 민주주의를 통곡하며 장송하지 않을 수 없다. 이것은 초당적인 애국행동임에도 불구하고 경찰이 무장경관과 소방차를 동원하여 폭력과 물벼락으로 해산시키고 장송 행렬원을 구타하여 부상에 이르게 하는 것은 천인공노에 해당하는 것이다.

우리는 민주주의의 시체 위에서 민주주의의 소생을 위하여 불퇴전의 투쟁을 과감히 계속 할 것이다."

같은 시각 진주에서도 민주당원 10명이 '공개투표는 선거가 아니다.'라는 현수막을 내걸고 침묵시위를 시작하였으나 전국적으로 살기등등했던 경찰에 힘에 얼마 지나지 않아 전원 연행되어 버렸다.

3인조와 9인조가 무엇인지도 모르고 자기 조원을 찾아 헤매던 순진한 농민들의 모습과 투표용지조차 받지 못한 수백여 명의 유권자들이 민주당사 앞으로 모여 나와 "표를 찾아 달라"며 아우성치던 모습을 보면서 이번 선거의 무의미함을 절실하게 느끼게 된 민주당은 결국 오후 4시 30분에 이르러 '3 · 15부정선거는 선거가 아니라 선거의 이름하에 이루어진 국민주권에 대한 포악한 강도 행위'라 규정하고 선거는 불법, 무효임을 선언하였다.

3월 15일 선거는 불법 무효임을 선언한다.

이번 정 부통령 선거만은 공명선거를 실시하여 온 겨레가 갈망하는 조국의 민주주의 발전과 민족의 복리증진을 이룩해보자는 우리들의 비원은 포악에 의하여 무참히도 짓밟히고 말았다.

이승만 박토(박사)의 집권 12년 동안에 갈수록 불법화하고 추잡해간 부정선거의 양상은 드디어 악의 절정에 달하였다.

민심의 완전한 이반으로 인하여 민주자유선거로는 도저히 정권을 유지할 수 없게 된 자유당은 최후발악으로 모든 경찰과 국가적 수법을 총동원하여 최고의 포악 선거를 단행할 것을 결의하였다.

1) 헌법 정신에 위반되는 조직선거.
2) 야당계 인사 입후보등록의 폭력방해.
3) 무수한 유령유권자의 조작.
4) 야당 선거운동원의 살상 자행.
5) 대다수 참관인신고의 접수거부.
6) 신고 된 소수 참관인의 입장거부 또는 축출.
7) 헌병, 경찰, 폭한들에 의한 공포 분위기 조성.
8) 기권 강요.
9) 투표 개시 전에 4할의 무더기 조작표 기입.
10) 투표함 검사거부.
11) 내통식 기표소의 설치 .
12) 유권자에 대한 3인조 강제편성 투표.
13) 4할의 공개투표 강요.

14) 공개투표 불응자에 대한 상해.

15) 집단 대리투표.

이상의 열다섯 가지 등으로 민주주의의 초석인 자유선거와 비밀 투표제도를 완전 파괴하고 말았다. 그러므로 이는 선거가 아니라 선거라는 이름하에 이루어진 국민주권에 대한 포악한 강도행위이며 따라서 자유당 후보자의 당선이 발표될지라도 이는 당선이 아니라 주권강탈에 불과한 것이다.

요컨대 이번 선거는 계엄령 아래와도 같은 공포 속에서 불법과 테러가 난무한 민주주의 파괴 이외에 아무것도 아닌 것이다. 민주당은 자유당 정부의 민주주의 도살을 막기 위하여 피투성이의 투쟁을 끝까지 계속 해왔으나 결국은 도살되고만 민주주의의 시체를 앞에 놓고 통곡하면서 3 · 15 선거는 전적으로 불법 무효임을 만천하에 엄숙히 선언하는 바이다.

민주당이 선언한 선거무효는 당연한 것이었다. 대도시 몇몇 지역을 제외한 대한민국 전역에서 자행된 부정선거와 그 결과로 모인 수많은 투표함은 야당의 참관인 없이, 자유당 참관인과 경찰들에 의하여 봉인도 되지 않은 채 개표장으로 수송되어 갔으니 투표함이 뒤바뀐다 하여도 누구 하나 알 수조차 없을뿐더러 만약 알게 된다 해도 어찌할 수 없는 상황이었기 때문이다.

하지만 치밀함을 다했던 이승만과 자유당 정권조차 고민에 빠질 수밖에 없는 일이 발생하였다. 선거 당일 계산된 전체 투표율은 94.3%였는데 개표를 진행한지 얼마 지나지 않아 이승만과 이기붕의 표가 각각 전체 유권자의 120%를 넘어서 버리는 코미디가 발생한 것이었다. 3 · 15 선거가 얼마나 지독한 부정선거였는지를 단적으로 보여주는 해프닝이었다.

급해진 자유당은 '이승만의 득표율을 80%로 이기붕의 득표율을 70%

정도로 하향 조정하라' 전국의 개표소로 전보명령을 하달하였고 개표소에 있던 자유당원과 경찰들은 소중한 한 표라 일컬어지는 국민들의 투표용지를 부랴부랴 건물 뒤편으로 가져갔다.

증거가 남아서는 안 되는 것이었기에 불로 태우거나 화장실 변기 속으로 쏟아 붇기 위함이었다.

민주주의와 국민주권이 완벽하게 말살 당했던 1960년 3월 15일. 민족의 대통령과 부통령선거였다.

■ 구겨지고 찢어진 국민주권

■ 통채로 버려진 투표함으로 불장난하는 아이

■ 투표소 건물 뒤에서 투표용지를 소각하는 선거참관인들

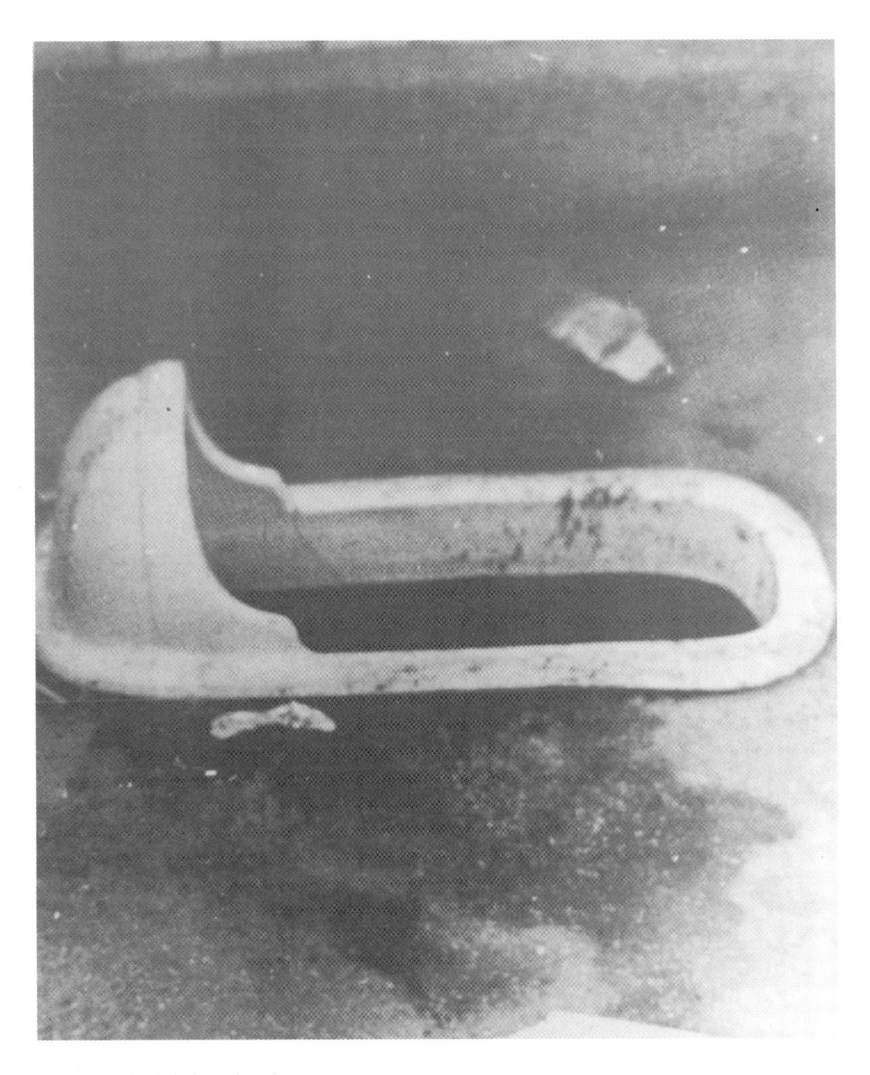

■ 변기속에 버려진 국민주권

하지만 항구도시 마산에선 심상치 않은 공기가 느껴지고 있었다.

훗날 '3 · 15 마산의거'로 역사에 기록되는 마산시민 전체 규모의 시위이자 3 · 15 부정선거에 대한 항거의 시작이었다.

인구 15만의 마산은 당시 도시의 경제적 기반이 높고 상대적으로 신문을 읽을 수 있는 시민이 많아 역대 선거마다 야당이 승리했던, 대구에 비견 될 만한 경상남도의 대표적 야당도시였다.

관권과 부정이 기승을 부려 야당의 국회의원 후보들은 후보등록조차 불가능하다 일컬었던 1958년 국회의원 총선에서도 민주당 후보 허윤수를 기어이 당선시켜버린 도시였다.

하지만 허윤수는 국회의원에 당선된 뒤 자유당에 포섭당하여 자유당 마산시당위원장이 된 변절자의 대표적인 인물로서 마산의 시민들은 이번 선거에서 자유당과 허윤수에게 본때를 보여주려고 벼르고 있는 상황이었다. 상황이 이러하니 허윤수는 자유당원들에게조차 지지를 얻지 못하고 있었고 이에 당황했던 자유당 중앙당은 일찌부터 마산에 경찰조직을 최대한 동원하고 있었다.

그리하여 마산은 다른 지역과는 다르게 경찰조직 대 시민이라는 특이한 대결구도가 고착되어가고 있었고 일촉즉발의 선거운동이 하루하루 전개되고 있는 화약고였다.

이러한 배경에서 맞이한 3월 15일 선거 당일 아침, 문제의 화약고에 불씨가 튀어버렸다.

오전 6시 30분

마산에서도 역시 전국의 다른 투표소처럼 부정이 치밀하게 준비되고 있었다. 이날 민주당 소속 도의원이었던 정남규 씨는 투표 당일 아침 일찍 투표소에 도착하였으나 투표소에서 자유당 사람들이 민주당 참관인을 막무가내로 몰아내는 현장을 보게 되었다.

분노한 정남규 의원과 자유당원의 실랑이가 한참 동안 이어지던 가운데 법정 투표 개시 시각인 오전 7시가 거의 다 되었을 무렵, 자유당 참관인들이 모여 투표함도 확인하지 않은 상태에서 투표 시작을 강행하고자 하였다. 이에 정남규 의원이 투표함을 확인하여야 한다고 항의를 하며 투표함 뚜껑을 잡게 되었고 격렬하게 방해하던 자유당 참관인과 투표함을 두고 옥신각신하던 도중 투표함 뚜껑이 파손되며 문제의 투표함이 쓰러져 버렸다. 그리고 사전에 미리 조작되어있던 엄청난 양의 부정투표용지가 세상 밖으로 우르르 쏟아져 나왔다.

이미 알고 있었던 일이지만 막상 직접 목도하게 되니 너무도 기가 막혀 입을 다물 수가 없었다. 가까스로 정신을 차린 야당위원들은 이 엄청난 사태에 대하여 목소리를 높이기 시작했다. 투표는 중단되었고 투표소 내부는 아수라장이 되었다. 그러나 부정의 현장을 같이 목격하였음에도 경찰은 오히려 정남규 의원에게 소란죄를 씌워 경찰서로 연행해가 버리고야 말았다.

오전 10시 30분

이에 민주당원들은 선거를 포기해 버리고 시위대를 구성하여 시내의 유권자들에게 사실을 알리기 시작하였다. 전국에서 가장 빠른 선거

포기 선언이었다.

마산의 선거 포기 선언이 빨랐던 데에는 이유가 있었다.

번호표를 받지 못한 대부분의 시민들이 이른 아침부터 민주당 마산 지부 사무실로 몰려와 자신들의 번호표를 찾아달라며 억울함을 호소 중인 상황이었고 여기에 더하여 마산 시내 47개 투표소 중 민주당 참관인이 입장할 수 있었던 투표소라고는 정남규 의원이 있었던 투표소를 포함해 두세 곳이 전부였기 때문이었다.

그뿐만 아니라 대부분의 투표장마다 3인조 9인조 합동투표는 물론이요. 우여곡절 끝에 투표한 사람들의 기표용지마저 선거위원에게 검사받도록 강요당하는 일이 자행되고 있었고 심지어 자유당 지지 시민이 아닌 경우에는 투표용지를 빼앗아 찢어 버리곤 선거위원이 다른 투표용지에 자의로 기표하여 투입시켜버리는 만행이 곳곳에서 진행되고 있었음에도 그것을 막을 방도가 없었기 때문이었다.

여기에 정남규 의원이 직접 목도한 부정의 현장조차 아무렇지도 않은 일이라는 듯 다시 투표를 진행시키면서도 오히려 현장증인이었던 정남규 의원을 연행해 가는 경찰의 모습을 보고는 더 이상 자신들의 힘만으로 부정을 막을 수 없다는 판단을 내릴 수밖에 없었기 때문이었다.

마산의 민주당 간부와 운동원들은 선거를 포기한 채 이 부정의 사실들을 시민들에게 알리고 폭로하는 것에 미력하지만 남아있는 온 힘을 쓰기로 마음먹는다. 그리하여 부정의 사실들은 시민들의 입을 통하여 시내 전체로 퍼져나가기 시작하였다.

오후 3시 30분

마산의 민주당원들은 모두 모여 머리에 수건을 동여매고 시위에 나섰다. 경찰서에서 막 풀려나온 정남규 의원을 비롯한 당의 간부들이 앞장을 서고 소문을 듣고 몰려온 수많은 시민들과 학생 천여 명이 그 뒤를 따랐다.

민주당 마산지부 사무실에서 출발한 이 시위는 상가거리를 지나 남성동 파출소와 부림시장을 거쳐 다시 지구당에 돌아오는 것으로 계획되어 있었는데 그마저 행진 중간에 시위를 주도한 간부들은 끊임없이 경찰에 연행되었다. 하지만 이들은 연행되면서 조차 스스로 자랑스럽게 시민들에게 손을 흔들었고 시민들은 체포되는 모습을 보면서도 그들에게 열렬한 응원을 보내주었다. 동시에 연행해가는 경찰들에겐 손가락질과 욕설을 퍼부었다.

시위를 시작했던 민주당의 간부들 전원이 연행되어 버렸음에도 오히려 수많은 시민들이 시위대에 합류하고 행진을 계속하여 가두행진을 끝마칠 즈음 시위대의 군중은 경찰이 정상적인 방법으로는 해결할 수 없을 정도로 불어나 있었다.

자유당의 억압과 폭정에 그동안 쌓여왔던 울분을 전부 터트려 버리기라도 하듯 마산의 거의 모든 학교의 학생들과 자신의 주권을 빼앗긴 사실에 분노한 시민들이 스스로 행진을 자청한 것이다.

■ 거리로 나선 마산의 민주당 간부들과 그 뒤따르는 시민들

■ 끝없이 모여드는 마산의 학생과 시민들

마산을 포함 전국의 많은 국민들의 삶과 그들의 생활 속에서 쌓여온 울분이란 과연 어느 정도의 상황이었을까? 당시 국가 경제의 주체이자 인구의 대부분을 차지하고 있던 농민들의 현실에서 간단히 살펴보도록 하자.

56년 이후부터 60년까지 4년간 경제 지원을 목적으로 쏟아져 들어온 미국의 잉여농산물을 엄청나게 싼 가격으로 시장에 풀어버린 이승만 정부의 정책으로 일명 삼백산업이라 불리는 사업체를 운영하던 삼양사와 대한제분 그리고 제일제당(삼성그룹의 모체) 등의 기업만 엄청난 성장을 거두었을 뿐 당시 국가의 가장 중요한 경제주체였던 농민들은 엄청난 타격을 입게 된다.

국내 농산물에 대한 국가의 수매는 전무(全無)했던 시절이었고 시장으로 쏟아져 들어온 미국의 농산물이 국내 농산물의 가격을 터무니없는 헐값으로 만들어 버렸기 때문이었다. 여기에 더하여 당시의 물가는 정부의 연이은 정책실패로 인하여 살인적인 수준의 상승곡선을 그리는 중이었다.

농민들의 괴로움은 연쇄적으로 커져만 가는 상황이었다. 농작물은 팔리지 않을뿐더러 우여곡절 끝에 팔린다 하더라도 가난한 농민들이 다음 추수 때까지 굶주림을 피할 방법은 쉽사리 보이지 않았다. 여기에 더하여 이 괴로운 상황을 이용한 전국 곳곳의 자본가들이 '입도선매'라는 방법으로 자연스럽게 사채업을 시작하면서 농민들에겐 파국의 길이 열리게 된다.

'입도선매'란 다음 추수 전까지 돈 나올 구석이 없었던 농민들이 자식의 교육비나 집안의 결혼, 장례 등 여러 가지 대소사로 인하여 급하게 목돈이 필요한 상황이라거나 또는 그것이 아닐지라도 생활비의 고

갈로 인한 식솔의 굶주림 때문에 대규모 곡물 상인이나 지역의 자본가에게 찾아가 다음 추수에 나올 생산물을 담보로 돈을 빌리는 일을 말하는 것이었는데 입도선매를 한다고 해도 담보로 쳐주는 다음 해의 곡물 값이라곤 추수 때 시세의 절반 정도에 불과했었다. 농민이 한 번이라도 입도선매를 선택하게 되면 다음 추수 때 농산물을 생산해봐야 사실상 빈털터리나 다름없는 신세가 되는 것이다. 1956년과 1957년의 한 보고서 자료에 따르면 당시의 입도선매 조건으로 농민들이 빌린 사채는 대부분 연이율 70%가 넘는 살인적인 이자의 빚이었고 전체 농가의 절반 이상이 하루에 세 끼니를 먹는 것이 불가능했다고 명시되어있다. 고금리의 이자와 굶주림에 허덕이던 농민들은 어쩔 수 없는 선택으로 또다시 입도선매할 수밖에 없었고 한번 이 무서운 악순환의 고리에 빠지게 되면 불과 3~4년 안에 가지고 있던 논까지 전부 털려버리는 상황이 만들어지는 것이었다.

이러한 사실을 명확하게 알고 있으면서도 이승만 정부와 자유당은 고혈이 빨려 죽어가는 농민들의 문제를 외면하고 있었다. 아니 오히려 정부가 나서서 그들을 절벽으로 떠미는 것처럼 보였다.

1956년부터 지원받은 잉여농산물을 시장에 풀어버리고 난 뒤 3~4년 만에 전 재산이 다 털려 소작농으로 전락해버리는 농가가 엄청난 속도로 늘어감에도 정부기관들과 산하단체는 농민들에게 세금과 함께 40여 가지 명목의 각종 잡부금까지 강요하고 있었기 때문이었다. 이 잡부금은 지역마다 종류와 그 수가 조금씩 달랐는데 많은 지역은 80가지에 달하기도 하였다. 굶주리던 농가에 강요한 강제납부금의 명목들을 살펴보면 군 경호회비, 성인교육 협회비, 산림계비, 축산 협회비, 국민회비, 적십자회비, 선거 진행비, 고적보존회비, 미국철수반대경비, 지서 유지비, 지서주임친척결혼비 등 이루 헤아릴 수 없었고 오늘날에 비추어보면 상식적으로 이해할 수 없는 항목도 부지기수였다. 이것은 마치 국가가 농민의 등에 빨대를 꼽아놓고 착취를 하는듯한 모습이었다.

소작농으로 전락한 수많은 농민들은 농촌으로부터의 탈출을 생각하게 되었고 도시로의 이주 결정은 아무런 대책 없이 진행되는 것이 대부분일 수밖에 없었다.

하지만 도시라고 해서 앞출되어 이주해 온 수많은 사람들에게 뾰족한 수가 생기던 것이 아니었다. 오히려 갑자기 넘치게 된 노동력을 감당할 수 없었던 서울을 비롯한 각 지역의 도시들은 또 다른 형태의 빈곤과 생활조차 불가능한 정도의 임금으로 그들을 몰아붙이고 있었다.

오후 5시 30분

날은 저물고 있었지만, 민주당사 앞으로 돌아온 시민들의 수는 조금도 줄어 있지 않았다. 아니 오히려 시간이 가면 갈수록 소문을 듣고 나오는 시민들과 학생들로 군중의 규모는 커져만 갔다. 자유당 정부의 부정과 그동안의 켜켜이 쌓여온 울분에 거리로 나온 사람들이었다. 어느 사이 민주당 마산지부의 당사 앞 공터에는 수용 불가능한 정도의 사람들이 모여 있었다.

이번 선거의 불법과 부정을 토로하던 시민들은 자신들을 지켜야 함에도 억압으로 일관했던 경찰에게 분노의 눈을 돌려 남성동으로 몰려가 파출소를 덮쳐버렸다. 마치 파도처럼 밀려오는 성난 시민들을 향해 경찰들은 시내 곳곳에 미리 대기 시켜놓은 소방차에 올라타 물대포를 쏘아대며 맞섰고 꽃샘추위가 기승을 부리던 밤 시위대의 앞줄에 있던 사람들은 물세례를 받아 넘어지고 또 넘어졌다.

물대포의 강력함과 때늦은 추위로 경찰에게 밀리던 시위대는 무력했던 자신들의 울분을 토해내듯 돌멩이를 집어 던지기 시작하였다. 처음에는 하나둘씩 던져지던 돌멩이는 삽시간에 속사포처럼 수십 개로 늘어나 날아들었고 바닥에 던질만한 돌멩이가 부족해지자 마치 임진왜란 당시 행주산성 전투의 아낙들처럼 여학생과 부녀자들은 치마폭에 돌멩이를 모아 시위대에게 옮겨다 주었다. 성난 시민들의 돌팔매질에 파출소의 유리는 모두 깨졌고 소방차의 앞 유리도 산산 조각나버렸다. 같은 시각 시청방면으로 향했던 시위대는 무학국민학교 앞에 모여 있던 학생시위대와 합류하여 시청으로 향하던 중 남전(현재의 한전) 마산지점 앞에서 경찰과 대치하게 되었다.

분노한 시민들은 소방차를 앞세워 물대포와 경찰봉으로 진압하는 경찰들에게 마치 약속이나 한 듯 돌팔매질을 하며 일진일퇴를 거듭하기 시작하였다.

오후 7시

사방에 어둠이 내린 가운데 시위대와 경찰이 엎치락뒤치락 한창 대치중이던 시간. 그중 시위대를 위협할 목적으로 무서운 속도로 달려오던 소방차 한 대가 운전석으로 날아든 돌멩이로 인하여 전신주를 들이받아버리는 사고가 일어났다.

'펑' 하는 엄청난 폭음과 함께 도심 전체가 순식간에 어두워졌다. 사고로 인하여 마산시 전체가 정전이 돼버린 것이다. 유일한 불빛이라곤 시위대를 향해 일방적으로 비추는 소방차와 백차의 헤드라이트뿐이었다.

마산의 수많은 시민과 학생들이 부정선거와 자유당을 규탄하며 들고 일어선 소식은 시위가 시작되자마자 자유당과 경찰 수뇌부 그리고 이기붕에게까지 전해졌다. 이미 당선을 확신하던 그들에게는 '세계 역사상 대통령 선거에 소송이 제기된 일이 있느냐? 법은 나중이니 우선 당선시켜 놓고 보아야 한다.'던 부정선거의 기획자 최인규 장관의 생각대로 3월 15일 선거 당일만 넘기면 되는 것이었다. 그리하여 결국 대한민국 최고 권력이 될 것이라 확신했던 이기붕은 "총은 쏘라고 준 것이지 장난하라고 준 것이 아니다." 라는 그의 말처럼 경찰수뇌부를 자극시켰고 이에 경찰은 마산시위에 대한 시나리오를 작성하기 시작한다. 12년간 항상 써먹었던 방법이었지만 절대적인 위력을 발휘하고 모든 행위를 용서받았던 그들의 주특기인 빨갱이 시나리오였다.

시위의 시발점이었던 정남규 의원은 남로당의 비밀간부이면서 신분을 속이고 도의원에 당선된 사람으로서 전국에서 학생들의 시위가 빈발하자 선거날인 3월 15일을 노려 군중 봉기를 획책한 인물로 기획되었고 시위대를 주도하던 사람들은 숨어있던 남로당의 당원들이었으며 북한과 긴밀하게 협동하여 대한민국의 전복을 마산에서 실행에 옮겼다는 내용이었다.

실제로 경찰은 시위의 진압이 끝난 뒤 시나리오의 계획대로 정남규 의원과 그의 외아들 정현팔 군 그리고 각본에 등장하는 수많은 사람들을 혹독하게 고문하여 자백을 받아내고 증거를 조작하는 데 성공해낸다. 또한, 경찰은 마산경찰서 본청에 있던 최루탄 12발과 실탄 500

여 발을 캐표장소였던 시청으로 일찌감치 옮겨 놓았는데 당시 옮겨진 최루탄은 알루미늄 합금으로 만들어진 대테러용 최루탄이었고 탄환은 6 · 25 당시 군의 주력무기였던 칼빈 소총용 465발과 45구경 권총용 93발로서 모두 인명살상용 탄환이었다. 그리고 이 실탄과 최루탄은 정전사건이 시작되기 한참 전에 옮겨진 것이었다.

후일 민주당 조사위원회의 탄흔 분석결과 M1 소총용 탄환과 기관단총까지 사용되었음이 확인되었는데 이 기록으로 남아있는 자료조차 훗날 경찰이 축소 보고한 것으로 짐작된다.

결국, 마산의 총기발포가 우발적으로 발생한 사건이라는 경찰의 발표가 사실과 다르다는 것을 시청으로 미리 옮겨진 수많은 살상용 총탄이 증명해주고 있는 것이다.

■ 시위대를 추격하는 마산의 무장경찰들

오후 7시 30분

돌팔매와 물대포로 일진일퇴를 거듭하며 도달한 마산시청 앞은 이미 완전 무장한 경찰병력이 저지선을 만들어 놓고 있었지만 시위 도중 발생한 정전과 갑작스럽게 온몸을 휘감아 버린 어둠으로 말미암아 경찰과 시민 모두 잠시동안 패닉상태에 빠지게 되었다.

그러나 정적은 오래가지 않았다. 잠시 후 경찰이 물대포에 추가하여 최루탄을 발사하기 시작한 것이었다. 하지만 경찰의 의도와는 다르게 남성동 파출소에서도, 시청 앞 대로에서도 바람은 시민들의 편이었다. 시간이 조금 흐르자 최루가스가 바람을 타고 경찰방향으로 향하게 된 것이었다. 최루탄 발사를 시작하였음에도 시위대의 사기는 식을 줄을 몰랐다. 그렇게 학생들과 시민들의 목소리가 마산에 울려 퍼지던 시각, 마산의 시위장소 모든 곳에서 어둠을 뚫는 천둥과도 같은 소리와 함께 불꽃들이 번쩍이기 시작하였다.

탕, 탕, 탕, 탕, 탕…두두두두두두두두두두두두두두두두두두두

항상 시위대의 맨 앞자리를 지켜주던 학생들이 어둠 속에서 우수수 쓰러지기 시작했다. 깜깜한 어둠 속에서 경찰의 헤드라이트로 인하여 그림자로만 분간되던 사람들이 굉음과 함께 갑자기 쓰러지기 시작한 것이다. 경찰의 시위대를 향한 무차별 발포 때문이었다.

학살이었다.

국민을 지켜야 할 경찰이 국민을 향하여 살상을 목적으로 한 무차별 총격을 감행한 것이다. 여기저기에서 학생들의 비명소리와 피비린내

가 섞인 화약 냄새가 진동하였고 깜깜한 어둠 속, 앞도 잘 분간하기 어려운 장소에서 하나둘씩 쓰러지는 사람들이 보이자 공포에 빠진 시민들은 살려 달라 소리를 지르며 본능적으로 도망을 치기 시작하였다. 하지만 상식의 선을 기어이 넘어버린 경찰의 추적은 집요하였다.

그들은 경찰백차와 소방차의 헤드라이트로 어둠을 밝혀가며 늦은 밤까지 시위대를 수색했다. 그리고 진압작전에 나선 경찰들은 사람의 그림자를 보기만 하면 가차 없이 총격을 가하거나 경찰봉을 휘둘렀다. 총에 맞아 신음하는 시민들의 허리와 머리는 개머리판과 경찰봉으로 짓이겨졌다. 만약 차량이 들어가지 못하는 골목이 있으면 손전등을 비추면서 들어가 아직 피하지 못한 시민들에게 폭력을 가하였다. 당시의 경찰은 시위대를 향해 단순위협을 목적으로만 총탄을 발포했고 시민들의 사망이나 부상은 위협용으로 발사된 총탄이 건물 벽 따위에 맞고 튕겨서 의도치 않게 발생한 거라 변명했다. 하지만 그들이 살상을 목적으로 시민들을 향해 발포한 것이라는 명백함을 실탄사격이 격심했던 시청 앞 무학초등학교 정문과 벽이 여실히 증명해 주고 있다.

그것에 대한 움직일 수 없는 증거로서 정문 옆 좌우 담장에 확실히 확인할 수 있는 탄흔이 22개나 있었다. 이 탄흔의 높이는 모두 0.9m~1.5m의 보통 사람의 키를 넘지 않는 위치에 남아있었고 탄흔의 깊이 또한 경찰이 불과 30M 정도의 거리를 두고 총탄을 발사했다는 것을 여실히 증명해 주고 있었다. 아마도 어둠 속에서 도망가는 시위대를 정문 쪽으로 몰아넣은 후 30M 거리에 있는 맞은편 상가건물 앞에서 발포했을 것이 틀림없었다. 심지어 총소리에 놀라 문을 닫은 채로 떨고 있던 일반 가정집에도 총격이 행해졌다. 3월 15일 밤 경찰은 마치 사냥개처럼 사람의 냄새를 추격하면서 피비린내 가득한 암흑 속의 마산거리를 누비며 다니고 있었다.

경찰의 무차별 학살과 총격에 시민들은 그 자리에 그대로 있을 수 없었다. 총소리와 비명소리에 차마 놀랄 겨를조차 없었다. 생존의 본능과 죽음의 공포에 몸이 먼저 반응했다. 모두 비명을 내지르며 사방으로 흩어져 뛰기 시작했다. 천둥 같은 총소리와 쓰러져가는 사람들의 그림자를 보면서 가능하면 경찰의 반대방향으로 돌아서 내달았고 어둠과 비명소리 속에서도 생존에 대한 본능으로 큰길보단 골목으로 달리고 또 달렸다. 경찰이 폭력을 행사했던 일은 어제 오늘이 아니었으나, 이렇게 대놓고 시민들을 향해 무차별 총격을 가하리라곤 그 어느 누구도 상상조차 하지 못했었다. 3 · 1 운동 당시 대한독립 만세를 부르던 한국인에게 일본경찰들조차 총격을 가하지는 않았었다. 달리던 사람들의 눈에서 눈물이 흐르기 시작했다. 최루탄에도 꿈적 없던 사람들의 눈에서 하염없이 눈물이 흘렀다. 이승만 치하의 자유당 정권 12년 그 숱한 오욕의 나날들 속에서 이미 말라버린 줄 알았던 눈물이었다. 12년간 자행되었던 수많은 폭력과 착취들… 그 이상의 슬픔이나 억울함은 없을 것이라고 생각했었기 때문이었다.

■ 도망가는 시위대를 향해 사격자세를 취하고 발포 하는 경찰

오후 8시 30분

수십여 분 동안 경찰의 추격을 피하기 위해 숨기와 달리기를 반복하며 도망치던 사람들이 걸음을 멈추고 숨을 고르기 시작하였다.

"이대로는 안 된다. 이 학살의 사실은 반드시 알려져야 한다."

"온 세상에 이 사실을 알리고 뭉쳐서 함께 싸워야 한다."

죽음을 넘어선 용기가 시위대의 온몸을 감싸 올랐다. 시위대는 다시 뒤를 돌아 약속이나 한 듯 개표가 진행되고 있던 시청방면으로 그리고 일부는 북마산 방면으로 목숨을 건 걸음을 내디뎠다.

북마산 방면으로 나아가던 시위대가 북마산 파출소 부근 다리에서 멈춰 섰다. 깜깜한 어둠을 뚫고 큰길로 오던 군중과 시냇가 양쪽으로 오던 군중들이 서로를 발견하게 되었기 때문이었다. 자신들이 혼자가 아니고, 우리의 목소리가 잘못된 것이 아니었음을 서로 확인하는 순간이었다. 가슴 뜨거워짐을 느끼면서 그렇게 합류한 시위대는 결국 북마산 파출소를 완전히 포위하게 되었다.

시위대를 본 북마산파출소의 경찰들은 이곳에서도 시위대를 향해 무차별 총격을 가하기 시작하였다. 하지만 이번은 상황이 달랐다. 천둥 같은 경찰들의 발포소리에도 시민들은 더 이상 도망치지 않고 총격에 대응하여 돌팔매질을 시작한 것이었다. 경찰의 실탄사격에 시위대는 돌팔매로 대응하여 싸웠다.

돌멩이 따위로, 훈련된 경찰들의 실탄을 막을 수 있을 리 만무했지만, 이번에는 굴하지 않는 용기와 각오가 함께하고 있었다. 그리고 정의를 증명해주는 수많은 동지들이 있었다.

또다시 학생들이 총에 맞아 피를 흘리며 쓰러졌다. 그러던 중 정전으로 인해 파출소에 밝혀 놓았던 석유램프가 시위대가 던진 돌에 맞아 쓰러지면서 파출소 내부에 불길이 솟아올랐다. 예상 못한 불길에 사격을 하던 경찰들은 당황했고 시위대는 갑작스러운 밝은 빛에 용기를 더하였다. 경찰은 시위대를 볼 수 없었고 시위대는 경찰들의 그림자를 정확히 볼 수 있게 된 것이다.

상황이 역전되자 경찰들은 서로 누구라 할 것 없이 줄행랑을 쳤고 시위대는 마치 점령군이 된 것 마냥 파출소에 울분을 터트리기 시작하였다. 불을 보고 흥분한 시위대는 소리를 지르며 환호했다. 처음으로 느껴보는 승리감에 도취된 그들의 분노는 여기서 멈춰지지 않았다. 또 다른 분노의 해방구가 필요했던 것이다.

■ 파괴된 파출소

"허윤수의 집으로 가자." "허윤수를 끌어내자."

시위대 여기저기에서 마산시 국회의원 허윤수의 이름이 터져 나오기 시작했다. 시위대가 허윤수를 응징의 대상으로 삼은 데에는 이유가 있었다. 2년 전 민주당 민의원후보로 출마하며 "자유당에 대항하여 민주주의를 지키겠다." 열변을 토하는 그를 보고 많은 시민들이 지지를 보내 당선에 이르게 해주었으나 곧바로 자유당으로 당적을 옮긴 뒤 부와 권력을 향유하고 있던 그를 보며 가뜩이나 좋지 않은 감정을 가지고 있었는데 개표장소인 시청에 있던 허윤수가 시위대를 모조리 총으로 쏴 죽이라고 발언했다는 소식 때문이었다.

분노한 시위대는 허윤수의 집과 당시 자유당의 기관지나 다름없던 서울신문의 마산지국 그리고 자유당 마산지구당 등을 향해 소리를 지르며 내달렸다.

오후 10시 30분

마산 시내 경찰 병력에 추가하여 인근 지역의 전 경찰 병력이 무장한 상태로 마산 시내에 집결하였다. 이들에게 하달된 단 하나의 명령은 시위대의 진압과 소탕이었다.

반면 시위대는 허윤수의 집과 자유당 당사에 돌팔매질로 폭발시키면서 분노가 어느 정도 해소되어가고 있던 상태였고 6시간 이상 계속된 시가전 같았던 시위는 어린 학생이 주체였던 시위대를 지치게 하였다. 그리고 어둠과 추위와 배고픔은 그것을 가속시켰다. 시위대는 훈련받은 민병들이 아니었고 그렇다고 강인한 사람들도 아니었다. 그저 정의감을 표출했을 뿐 그들은 주변에서 흔하게 볼 수 있던 평범한 학생들과 일반시민에 불과 한 사람들이었다. 그들이 훈련되고 명령을 완수할 때까지 지치지 않고 움직이며 더욱이 무장까지 마친 국가권력에 끝까지 대항할 방법은 없었다. 결국, 밤늦은 시간까지 헤드라이트를 밝히며 진압작전을 펼치고 총격을 멈추지 않던 경찰에 연행되거나 대다수 흩어져 도망을 치게 되었고 마지막까지 남았던 200여 명도 마산상고 뒤편 용마산에 재집결하였으나 좁혀 들어오는 경찰의 포위망에 모두 흩어져 탈출을 기도하다 소수를 제외하고 모두 경찰에 연행되었다.

오후 3시경부터 시작되었던 이 날의 마산시위는 밤 11시를 넘기고 그렇게 마무리가 되었다.

7시간이 넘도록 계속된 시위 속에서 경찰의 폭력과 총격에 돌팔매질로 대항하며 국민도 분노할 수 있음을 보여주었던 1960년 3월 15일의 마산…

이날 하루 동안 경찰서로 연행된 사람은 253명이었고 그들에겐 혹독한 폭력과 고문이 기다리고 있었다. 또한, 경찰의 폭력과 총격으로 부상당한 학생과 시민의 수는 300명에 달했다. 그 중 90여 명은 평생 장애를 가지고 살아야 할 만큼의 중상자였으며 9명은 사망하였다.

경찰은 시위대의 사망이유를 혼란에 의한 압사로 언론에 발표하였는데 그들의 발표와는 다르게 실제 사망자 중 돌팔매나 혼란에 의한 사망자는 없었다. 중상자 90여 명 모두 총격에 의한 상해였고 사망자 역시 전원 총격에 의한 사망이었다. 그리고 사망자 대부분은 아직 어린 중 · 고등 학생들이었다.

말로만 들었을 땐 믿을 수 없었고 글로만 읽었을 땐 설마 했던 부정선거의 현장을 직접 목도하고 증거를 확보하였음에도 항의의 목소리와 증거를 아무 일 없었다는 듯 묵살했던 공권력.

"선거란 국민의 주권이요 이것은 민주주의의 근간이니 부정선거 하지말자." 라고 외치는 수많은 시민들을 향해 듣기 싫은 소리한다며 총격을 가해버린 정부와 경찰들이었다.

1919년 3 · 1운동 당시 일본 경찰들도 '대한독립 만세'를 외치는 한국인을 향해 이런 식의 무차별적인 총격을 가하지는 않았음에도 대한민국의 경찰은 거칠 것이 없었다.

3월 15일은 50년이 지난 2010년이 되어서야 정식 국가기념일 중 하나로 지정되었고 그들이 보여준 자유, 민주, 정의의 정신은 21세기가 되어서야 제대로 된 역사의 평가를 받게 된다.

경상남도 창원시 마산회원구 구암동에 건립된 국립 3 · 15 민주묘지가 이곳을 방문하는 시민들에게 그날의 용기와 역사를 전해주고 있다.

3월 16일 수요일

이승만과 이기붕의 당선

대한민국의 4대 대통령과 5대 부통령 선거의 결과가 발표되었다.

단독 출마했던 이승만은 963만 표를 획득함으로써 대한민국의 4대 대통령으로 다시 재임되었다.

그리고 선거의 핵심이었던 부통령의 여부는 자유당의 이기붕 후보가 883만 표를 얻음으로써 자신했던 대로 당선이 확정되었다.

선거에서 압승하게 된 자유당은 성명을 발표하면서 기쁨을 감추지 못했다.

이승만 박사와 이기붕 씨의 당선에 대하여 국민의 절대적인 신임에 감사한다. 집권을 계속하게 된 자유당으로서 국민이 보내주신 성원에 무거운 책임을 통감한다. 승자의 긍지와 아량으로 여야 협조를 도모하고 국정 쇄신과 국력증강에 총력을 다 할 것을 밝힌다.

또한, 선거기간 중 일어난 학생데모와 민주당이 공개한 부정선거 비밀지령사건 등 각종 불상사에 대하여 승자의 아량을 베풀어 더 이상 문제 삼지 않을 것이다.

하지만 선거에서 패배한 민주당은 수많은 사람들이 피를 흘리며 지지해 준 것을 알고 있음에도 승복을 해야 하는 것인지, 끝까지 싸워야 하는 것인지의 갈피조차 잡지 못하고 있었다.

"민주당이 3월 15일에 선거무효선언을 한 이상 새로이 선출되는 정부통령을 합법적으로 인정하겠는가?" 라는 기자들의 질문에 확실한 답변을 내놓지도 못한 채 '법과 정치적 투쟁의 고려' 따위의 단어로 흐지부지 넘기면서 "자유당이 어느 정도로 반성해서 국민과 민주당을 대해주느냐에 따라 대처가 달라질 것"이라는 한심스러운 말을 반복할 뿐이었다.

부정을 저지르던 극단적인 방법을 사용하던 상관없이 무슨 짓을 해서라도 당선시켜 놓고 봐야 한다는 최인규의 말이 정답처럼 느껴지는 상황이었다.

이러한 가운데 3월 15일 부정선거를 하지 말라며 수많은 사람들이 목숨을 걸고 외쳤던 마산은 처음으로 사망했던 김용호 군이 이제 고작 중학교 2학년인 15살이었던 것으로 밝혀지면서 시민 모두가 안타까움에 눈물 흘려야 했다. 그리고 아침식사를 하고 나간 뒤 소식이 끊겨버린 아들딸을 찾아다니는 수많은 부모들의 절규에 도시 전체가 비통함에서 벗어나지 못하고 있었다. 하지만 이들의 원통함과 억울함은 여기서 끝나지 않았다.

자유당의 발표와는 다르게 경찰은 전날의 시위를 폭동으로 규정하고 시위에 가담한 학생과 시민들을 폭도로 규정해 버렸다. 민주당의 선동에 의한 폭도가 개표를 방해할 목적으로 투석과 파괴, 방화 등의 폭동을 감행하였다는 것이 그 내용이었다. 경찰은 폭도를 잡는다는 명목으로 시위에 가담한 사람들을 찾아 도시의 곳곳에 대한 수색을 강행하였다. 전날 심각한 부상을 당하였음에도 빨갱이로 몰릴까 두려워 병원조차 가지 못하게 된 마산 시민들이었다.

■ 곤봉을 들고 숨어있는 시위대를 찾기 위해 나선 경찰들. 뒤로 가택을 수색하고 나온 경찰도 보인다.

또한, "경찰의 총격은 폭도들의 폭력에 대응한 어쩔 수 없는 공포탄의 사용이었다." 말하며 연행된 이들 중 핵심적인 주동자에게서는 자백을 받아낼 것이라 발표한다. 실제로 시일이 조금 지난뒤 경찰이 만들어 놓은 각본대로 이들은 남로당 간첩과 종북사상을 가진 빨갱이들로 몰려 극도로 위축된 처지에 놓이게 된다.

당선이 확정되고 민주주의를 소멸시킬 정도의 부정조차 밀어붙이는 것이 가능했으니 앞으로 대대손손 영원토록 자신들의 권력을 확신한 그들이었다.

이 선거는 소수의 권력자가 견제세력 없이 권력의 욕망에 빠지게 될 경우 국가의 공권력이 얼마나 거대한 괴물로 변모할 수 있는지를 단적으로 보여주는 사건이었다.

3월 17일 목요일

조롱하는 외신들

외신들의 보도가 동아일보를 통하여 전해졌다. 선거를 앞두고 경향신문을 비롯한 몇몇 저항신문을 폐간시켜버린 상황에서 정부에 반하는 사실을 보도하는 신문사는 동아일보가 거의 유일한 상황이었다. 3 · 15 선거에 대하여 런던타임즈는 다음과 같은 사설을 전했다.

아무리 열렬한 반공주의자라 할지라도 이 대통령 치하의 한국의 반쪽을 자유세계의 일부라고 말하려면 다소 숨이 찰 것이다. 이번 선거가 국민의 의사표시라고 믿을 수 없다는 것은 분명하다. 한국인들은 다음과 같은 대접보다는 좀 더 나은 대접을 받을 자격이 있다. 독재적 통치의 대가로는 인플레이션은 어찌하여 되었고 추수는 다행히 조금 나아졌으며 산업은 경제에 약간의 생기를 불어넣었다 하나 이런 것들을 위하여 치른 대가를 생각할 때 국민으로서는 아직도 한참 밑지는 흥정이다. 공산주의자들이 공격을 한 이래 10년이 지나갔다. 아시아의 여타정부들은 변화했고 그 변화는 환영을 받아왔다. 한국만이 불행한 부동 상태에 억류되어 있다. 한국에서 3월 15일 선거가 실시되기 전에 야당은 이승만 대통령과 자유당에 압도적인 승리를 가져오게 할 정부의 지시를 알아냈다고 폭로하였다. 만일 그들의 주장의 4분의 1이라도 사실이라면 이번 대통령 선거는 불명예스러운 것이다. 만일 이 박사가 유권자의 의사를 아는 것보다 승리 확보에 더 관심이 있었다면 차라리 통일아랍공화국이나 북한에서 채택하고 있는 가장된 선거를 솔직하게 실시하는 것이 나았을 것이다. 그렇다면 적어도 고인이 된 사람들이 살아 있기라도 했을 것이다. 야당이 반격할 그 힘만이 한국의 유일한 희망인 것 같다. UN이 한국의 남북한 통일방안으로 마음먹고 있는 '국민들의 자유로운 선거'는 북한에 더하여 남한에서조차 실시할 수 없으므로 머나먼 일 같아 보인다.

노골적인 비판과 조롱의 사설이었다.

파리의 유력지 '르몽드' 1면 사설 역시 상황은 비슷했다.

이승만 박사가 대통령 선거에서 당선 되었다는 것은 하등 놀라운 일이 아니다. 우리는 일찍이 이승만 대통령이 취임하는 날에는 심각한 투쟁이 전개될 것이라고 예언하였다. 전국적으로 강력한 수법을 사용한 이승만 대통령과 이기붕 의장이기에 그들의 당선이 결코 놀라울 것은 아니며 대만의 장개석이나 남한 이승만의 취임은 극동지역의 발전에 아무런 자료를 제공해주지 않는다.

아이젠하워 미국 대통령은 기자회견을 빌려 대통령 선거운동 과정에서 자행된 폭력 사태에 대하여 개탄의 뜻을 표하면서 3월 15일 선거에서 일어난 일련의 사건에 대하여 유감을 표명하였다. 허터 미국 국무장관도 주미대사를 만난 자리에서 "한국의 선거에서 일어난 폭동은 대단히 불행한 일"이라며 항의서한을 전달했다.

미국의 하원위원회 극동위원장인 자브로키 의원도 "한국의 불법행위가 사실이라면 이는 마땅히 비판받아야 될 것." 이라고 유감을 숨기지 않았다.

미국의 워싱턴 포스트지는 이승만정권이라는 휘장을 붙인 깡패들이 '反이승만 한국인'이라고 새겨져 있는 무덤의 비석을 의기양양하게 손가락질하는 풍자만화로 조롱하였고 신문의 사설을 통해서도 이승만 대통령의 당선을 '썩은 정치'라 평가하면서

태양의 일식을 예측할 수 있는 것처럼 한국에서 이승만 대통령 세력이 또 하나의 선거승리를 조작하였음을 확신한다.

라며 비판하기도 하였다.

AP 통신의 '3 · 15와 한국의 민주주의'라는 기사는 더욱 노골적이었다.

고목에 꽃이 핀 것으로 알았으나 사실을 보니 썩어 짓이겨진 곰팡이였다. 한국의 남쪽 마산항구에서 자행된 경찰의 행위는 정복만을 노리는 침략자들의 방법과 다를 것이 없었다.

또한 '뉴스위크'지는

자유당이 전 유권자의 60%에 해당하는 사람들을 경찰의 통제하여 대규모로 동원 투표하게 하였다.

라고 기사를 올렸고 TIME지는 경찰에 연행되는 17세의 학생들의 모습과 여수에서 야당의 재정부장이 곤봉으로 매를 맞아 죽은 것, 그리고 광주에서 반공청년단원에 의해 칼에 찔려죽은 젊은이 소식을 전 세계발로 보도 하였다.

일본의 언론 또한 가만히 있지 않았다. 일본의 신문과 라디오는 모두 한국 정부 · 여당이 노골적인 선거간섭과 야당 탄압을 자행 했다고 전하며 그들의 신문칼럼, 해설, 사설을 이용해 이를 비판하였다.

동경신문도 자신들의 사설을 통해 비판하기는 마찬가지였다.

외신들의 보도가 사실이라면 한국은 이미 독재국가로밖에 볼 수 없으며 인접국으로서 슬픔을 금할 수가 없다. 일본은 오직 자유롭고 우호적인 한국의 발전과 평화적인 통일의 실현을 바랄 뿐이다.

그러나 당시에 외신의 보도를 접할 수 있는 국민은 많지 않았다.

그리고 이런 사실을 잘 알고 있는 자유당과 정부는 외신 보도 따위 크게 신경 쓰지 않았다.

실제로 경찰치안국장은 이날부터 "마산사태에 대하여 공산당의 수법과 비슷한 증거가 속속 나오고 있다." 말하며 파출소 화재는 폭도들이 화염병을 만들어 방화한 것이며, 정전 또한 시위대가 의도적으로 전선을 끊은 것으로 그 이유가 암흑 속에서 공포 분위기를 조성하기 위함이었던 것처럼 언론을 이용하여 전국적으로 발표하기 시작하였다.

또한, 1958년 조봉암에게 간첩죄를 씌워 정적을 살해하고 진보당을 강제해산 시켰던 것처럼, 민주 당원 중 일부는 남로당 간첩일지 모른다는 발표를 친정부 성향의 많은 신문들과 라디오 등의 매스컴을 통해 세상에 쏟아내고 있었다. 마산의 배후에 민주당이 있는 것이 확실하며 민주당의 뒤에는 공산당이 있을지도 모른다는 여론으로 부정에 대한 시선을 돌리기 위한 방책이었다. 선거는 끝났고 그들은 이겼으며 이제 자신들이 무엇을 이야기하든 그것을 사실로 만들 수 있는 힘이 있었다.

여기에 더하여 이날부터 마산 모든 중·고등학교에는 5일간의 '강제등교중지명령'이 발표되었다. 22일까지 등교를 막아 학생들의 집단행동을 미연에 방지하고자 하는 치밀함이었다.

이날 마산의 도립병원 앞은 아들딸의 소식을 아직도 구하지 못한 부모들의 통곡과 부상당한 자식을 찾으려는 아낙네들의 눈물로 가득하였다.

도시 시민들의 슬픔을 전형적으로 보여주는 상징이었다.

마산의 소식을 알게 된 서울의 학생들이 울분을 참지 못하고 하나둘 일어서기 시작했다. 영등포의 성남고등학교 학생들 200여 명은 '경찰은 자숙하라.' '정의를 위해 싸우는 학생을 구타하지 말라.' '경찰은 학생 사살사건을 책임지라.' '체포한 학생을 석방하라.' 등의 연필로 적은 유인물을 뿌리면서 영등포 구청까지 시위행진을 감행 하였다. 전날인 3월 16일, 서울에서 일어난 500여 명의 학생시위에 연이은 것이었다.

하지만 선거는 끝났고 자유당과 경찰은 무서울 것이 없었기에 어린 학생들의 목소리는 바로 출동한 무장경찰들에 의해 무자비하게 진압되었고 주동했던 학생들은 전부 연행되어버렸다. 순식간에 이루어진 제압이었다.

또한, 마포의 민주당 참관인이었던 옥선명(47) 씨 부부가 저녁 9시 자신들의 집 앞에서 민주당 직원으로 가장한 청년 5명에 의해 집단 구타를 당해 병원으로 실려 가는 사건이 발생 하였다. 그들의 폭력은 아직 끝나지 않았던 것이다. 선거가 끝났음에도 선거기간의 공포 분위기는 사라지지 않은 채 하루가 저물고 있었다.

3월 18일 금요일

국회의 정 · 부통령 당선선포

'대통령 부통령 개표완료에 관한 보고의 건'이 상정되어 국회에서 본회의가 열리게 되었다. 국회의 이름으로 이승만과 이기붕에 대한 당선을 공인하여 발표하기 위한 회의였다. 하지만 외신들의 비판에 용기를 얻은 민주당의원들은 선거결과를 그대로 수용할 수가 없었다. 민주당의원들을 대표한 곽상훈 의원이 이날 국회 본회의가 시작되자마자 단상에 올라가 선언문을 낭독하였다. 모든 의원들은 엄숙해 달라 요청한 그의 목소리가 국회에 울려 퍼졌다.

> 이승만 정부는 집정 12년간에 거듭된 악정의 결과 민심이 완전 이반되어 자유선거로는 도저히 정권을 연장할 수 없게 되자 이번 3 · 15 선거에서 최후의 발악으로 모든 불법과 극악 수단을 무소불위로 구사하여 민주주의 기초인 선거제도를 완전히 파괴하고 말았다. 이번 선거는 선거가 아니라 바로 국민주권 강탈행위이다. 그러므로 3 · 15 선거는 전적으로 불법이고 무효임을 엄숙히 선언하는 바이다.

준비한 선언문을 낭독한 그는 "본인은 여당과 정부에 대해서 이탈된 민심을 수습하도록 요청합니다. 그뿐만 아니라 이 나라 사직을 영원히 안정시키기 위하여 여당이나 정부가 반성할 것을 전 국민을 대변하여 요청합니다. 그러기 위해서는 이승만 박사부터 하야해야 합니다. 여당이 잘살고 야당이 못살게 되는 것으로 끝난다면 모르되 이대로 간다면 전 민족과 국가는 나락에 빠지고 죽음의 공산 도가니 속에 끌려갈 비참한 운명을 각오해야 할 것입니다." 라고 목소리를 높여 연설하였다.

이날의 기록을 보면 그의 연설 중간 중간마다 자유당의원들의 비웃음 소리가 가득하였던 것으로 묘사되어있다. 또한, 곽상훈 의원의 뒤를 이어 올라온 김의택 당시 민주당 원내총무는 "선거에 희생된 애국동포의 명복을 빌기 위해 여 · 야 할 것 없이 묵념을 올리자" 요청했으나 자유당 의원들은 의석에 앉은 채로 무시하여 할 수 없이 야당의원들만 기립한 채로 묵념을 올렸다고 전한다.

묵념을 마친 김의택 의원은 벼락같이 "3 · 15부정선거는 불법이다! 무효다. 정 부통령 선거 다시 하라!" 라며 외쳤고 훗날 대통령으로 취임하게 되는 윤보선 의원도 재빨리 단상 위에 올라가 "대한민국 자손만대의 민주번영을 위해서, 대한민국 만세." 라고 외쳤다.

만세 삼창이 끝난 뒤 결과를 수용할 수 없었던 야당의원들은 침묵과 비웃음으로 일관하는 자유당의원들에게 손가락질을 퍼부으며 전원 퇴장하였다.

야당 의원석이 깨끗하게 비워지고 나서야 국회부의장은 정 · 부통령 후보의 득표수 계산을 발표하고 이승만과 이기붕이 당선되었음을 대한민국과 국회의 이름으로 선포하였다.

그리고 국회의 선포가 별 탈 없이 마무리되자마자 부정선거를 기획하고 강행시켰던 최인규가 기다렸다는 듯 내무부 장관 자리에서 사퇴했다. 사퇴의 변으로 기자들에게 "선거기간 중에 뜻하지 않은 사태가 발생한 데 대하여 유감의 뜻을 표한다. 마산을 포함한 모든 불미스러운 일들에 대하여 책임을 지는 마음으로 내무부 장관에서 사퇴하겠다.

하지만 법을 어긴 폭도들이나 폭동을 배후에서 조종한 자들은 철저히 처단되어야 하는 것이 나의 신념이며 동시에 정부의 변함없는 방침이다." 라고 말하며 끝까지 학생들을 폭도로 몰아붙였다.

자신이 책임지고 사퇴했으니 더 이상 대통령 선거에서 발생한 부정과 불미스러웠던 사건들을 떠들지 말라는 것이었다. 그리고 비록 지금은 장관자리를 사퇴하지만 추후 자신은 영전을 하게 될 것이고 이제 대대손손 권력과 부를 누리게 될 것을 조금도 의심하지 않았던 그의 계산이었다. 하지만 부정선거의 책임을 지고 결국 형장의 이슬로 사라질 자신의 앞날은 보지 못한 오만의 사직서였다. 자신의 목숨이 불과 일 년밖에 남지 않았음은 상상조차 하지 못했을 것이다.

국회의 당선 선포, 내무부 장관의 사퇴와 함께 이번엔 부통령에 당선된 이기붕이 당선 소감을 하며 기자회견에 나섰다.

'경제문제나 윤리 그리고 도의 같은 것보다 법이 제일이라는 것을 가리키고 싶다' 는 그의 당선 소감 발표는 대국민 협박이나 다름없었다. 수많은 기자들의 질문에 있어서도 "3 · 15선거는 공정선거라 말할 수밖에 없다. 3인조 투표방법이 왜 불법인가. 그것은 불법이라 볼 수 없다. 그리고 선거 후 민심이 악화되었다고 보지 않는다. 자유당이 승리를 한 근본요인은 단지 조직이 잘 유지되었기 때문이다." 라고 설명하기도 하였다.

또한, 기자들이 마산사태에 대한 질문에 대해서는 본질을 회피해 가면서도 "총은 쓰라고 준 것이지 가지고 놀라고 준 것은 아니다." 라며 훗날 오랫동안 회자되는 말을 기자들에게 건낸다. 비록 농담 중에 나온 말이라 하나 그의 기본적인 생각을 알아볼 수 있는 발언이었다.

세상의 이목이 집중되었던 마산 발포사건에 대하여 사건의 진상을 조사하고 있던 민주당 조사위원단이 "경찰서장의 발포명령을 받았다."라는 경찰 국장 증언까지 확보했으나 사건조사를 담당했던 치안국 조사반은 "발포 명령자를 색출하기 위하여 모든 경찰을 추궁하며 수사하였다. 하지만 경찰서장에 대한 심문결과 발포명령은 없었으며 발포는 시위대의 위협이 너무 강성하여 자위를 위하여 우발적으로 발생한 것이다. 이 사건의 조사는 끝났으며 발포에 대한 추가적인 조사는 필요 없다." 라며 모두 서울로 철수해 버렸다.

부정선거와 마산사태의 문제를 도저히 묵과할 수 없었던 진해의 고등학생 300여 명이 '협잡선거를 물리치자'는 구호를 외치며 머리에 띠를 두르고 거리로 뛰쳐나와 목소리를 높였다.

하지만 이들의 시위는 바로 출동한 경찰과 헌병대에게 허무하게 진압당하였다. 학생들을 향해 총부리를 겨눈 채 공포탄을 쏘며 위협하였기 때문이었다. 공포탄인지 실탄인지 구별할 수 없던 학생들은 3일 전의 마산에서 벌어진 일을 익히 들어 알고 있던 터였기에 시위대를 향한 공포탄의 효과는 절대적이었다. 학생들은 총소리에 바로 도망쳤고 시위는 20분도 안 되어 진압되었으며 총소리에도 굴하지 않고 용기를 내었던 학생들은 경찰에 연행되어 무수히 구타당하였다.

어차피 선거는 끝났고 국회는 대한민국 국회의 이름으로 이승만과 이기붕의 당선을 공인해 주었으며 선거무효나 마산사태에 관한 목소리는 "민주주의 국가에서 선거결과에 불복하는 것이냐?" 라는 목소리에 묻혀버렸기에 경찰과 자유당은 세상에 무서운 것이 없었다.

자신들의 투표권을 도둑맞은 억울함에 항의하는 사람들과, 앞으로 대한민국의 선거는 이름과 형식뿐인 선거가 되어버렸음에 탄식하는 사람들과, 주권을 도둑맞게 되어 권력자가 더 이상 국민들을 두려워하지 않아도 될 세상을 자손에게 물려줄 수밖에 없음에 한탄하며 지쳐가는 사람들.

자신의 주권과 교환된 것인 줄 모르고 새로 생긴 흰 고무신과 탁주 한 사발 사먹을 수 있는 공짜 돈에 그저 좋다고 하는 사람과 이제 자신들의 권력과 세상이 영원할 것으로 생각하는 사람들이 한데 엉켜있던 1960년 대한민국의 3월이었다.

3월 19일 토요일

빨갱이로 몰리는 마산의 시민들 그리고 대통령의 담화

민관식 의원은 이른 아침부터 기자들을 모아놓고 회견을 진행하였다. 그가 기자회견을 하기로 마음먹은 것은 3월 15일 이후 마산에서 벌어지고 있는 안타까운 현실 그대로를 전국에 알리고자 하는 마음에서였다.

"3 · 1 운동 때의 왜놈들도 한국인에게 총질을 안했었는데 동족을 무차별하게 총살한 마산사건은 천인이 공로 할 비극임이 틀림없다.

그럼에도 지금의 마산에서는 피해자의 가족이 병원에 가면 '당신들 빨갱이가 아니냐?' 하는 위협을 받고 있을 뿐만 아니라 일부 시민들은 피 흘리는 부상자를 집안에 감추어 둔 채 빨갱이라고 지칭되는 것이 두려워 병원에도 못 가는 형편이다."

빨갱이로 몰리고 있는 마산의 현실을 세상에 고발했던 민관식 의원은 우리나라 스포츠 근대화에 아버지라고 불리는 정치인이자 체육인으로서 우리나라의 스포츠의 수준을 끌어올리기 위해 태릉선수촌 건립을 주도한 대한민국 스포츠의 일등 공신이기도 하다.

박정희 대통령 시절 공화당으로 당적을 옮긴 그는 군사정권의 지원 하에 한국 스포츠를 발전시킨 사람으로서 훗날 여러 훈장과 함께 문교부 장관과 국회의장, 성균관대학교 이사장을 역임하기도 하였다. 태릉선수촌에는 그의 흉상이 전시되어 있다.

민관식 의원의 고발에도 마산의 공포 분위기는 변화되지 않았고 3월 15일 정의를 부르짖었던 마산의 젊은이들은 자신뿐만 아니라 가족들까지 빨갱이 소리를 듣게 될까 무서워 가만히 숨죽여야 했다. 또한 "발포 책임에 대하여 손석래 마산경찰서장이 당일 직접 명령을 하지 않았더라도 그 부하가 발포한 이상 서장이 그 책임져야 한다. 그 이상의 책임이 필요하면 내가 지겠다. 구속된 사람들의 인권에 대하여서도 인권옹호에 만전을 기하고 있다"는 최도경 경남 경찰 국장의 발표에도 불구하고 경찰의 혹독한 고문 중에 다리가 부러져 병원에 실려와 치료를 받은 이양수 씨의 소식이 전해져 시민들의 공포심은 더욱 커져만 갔다.

여기에 더하여 문교부 장관은 2 · 28 대구사건을 비롯하여 수많은 어린 학생들이 사살된 3 · 15 마산사건에 이르기까지 전국에서 일어난 많은 학생시위에 와 문제가 되고 있는 학교 내 경찰관의 감시에 대한 기자들의 질문에 이리저리 대답을 회피하면서도 경찰의 학교 내 근무와 학생들에 대한 감시가 앞으로 더욱 확대되고 계속될 것을 확인해주었다. 그리고 마산에 대한 기자회견과 문교부 장관의 인터뷰가 세상에 알려지기도 전인 같은 날 오전 10시, 드디어 이승만 대통령이 당선 후 첫 대국민 담화를 발표하였다.

> 지금까지 우리 국민들은 선거하는 데 있어서 세계 모든 나라들 중에서 모범이 될 수 있는 민주주의 방식으로 이것을 하여 우리의 우방 국가들의 칭찬을 받았으며 우리도 이것을 자랑해왔던 것인데 금번 선거에는 시골 몇 곳에 다소 난동이 있었으나 비교적 규율 있는 선거가 실시되던 중 선거날 마산에서 지각없는 사람들의 선동으로 난동이 일어나 살상자가 나게 된 것은 국민과 더불어 유감으로 생각하는 바이다. 보고를 들으면 특히 마산에서 일어난 난동에는 철없는 어린아이들을 앞장세워 돌질을 하고 경찰을 습격하고 방화하며 가옥을 파괴한 것은 민주주의 국가에서는 있을 수 없는 일이며 급기야 살상자까지 내게 된 것은 우리 국민들이 깊이 반성해야 할 문제이니 법을 맡은 사람들은 조리를 따라 조사하여 범법한 자들을 법대로 다스려야 할 것이다. 이번 선거 일을 맡아 하는 사람들이 많이 노력하여 잘되어 나가다가 마지막에 이런 부끄러운 일이 일어났으니 앞으로는 서로 자성자계(自省自戒)하여 이러한 난동이 없게 하여야 할 것이다.
>
> 지금은 하나의 정당에서 대통령, 부통령이 모두 당선되었으니 나랏일도 더 잘되어 나갈 것이며 이제는 큰일을 치렀으나 앞에 해나갈 일들이 많으니 정부나 민간은 더욱 정신을 가다듬어 한데 합쳐서 각각 직책을 지켜 이것을 해 나가도록 하면 우리 앞에 큰 희망이 보일 것이다.

이승만 대통령의 담화에 대한 평가와 판단은 독자들의 몫으로 남긴다. 다만 대통령은 후대에 의한 냉정한 평가를 피할 수 없다. 모든 대통령은 공적과 잘못이 양날의 검처럼 존재할 수밖에 없기 때문이다. 단지 공이 많은가 과가 많은가에 대한 양과 질의 차이, 그리고 판단의 문제일 뿐이다.

하지만 이승만 대통령을 국부로 모시고 이순신, 세종대왕과 어깨를 나란히 하여 광화문 앞에 동상을 세워야 한다고 외치는 수많은 단체들과 그들이 행하고 있는 현대사 왜곡을 보고 있노라면 당시 피 흘렸던 선배들에게 너무도 죄스럽고 부끄러울 따름이다.

결국, 이승만 대통령의 담화문을 끝으로 대다수 시위의 불꽃과 국민의 주권을 부르짖던 목소리는 급속도로 위축되었다. 선거는 끝났고 돌이킬 수 있는 방법을 알고 있는 사람은 없었으며 자유당의 권력과 경찰의 힘은 너무도 거대해 보였기 때문이었다.

제 4 장

민중의 분노

4월 11일 월요일

아~김주열

자유와 정의 그리고 대한민국 민주주의에 대한 갈망 때문에 절규했던 외침들과 부정선거의 억울한 감정들은 세상에서 사라져 가고 있는 듯 보였다. 상식과 국민주권을 외쳤던 수많은 사람들이 일종의 체념적 허탈 상태에 빠져 빗어나지 못하고 있었기 때문이었다.

앞으로 어떻게 해야 잘못된 것을 올바르게 고칠 수 있는지 어느 누구도 해답을 제시하지 못하였고 이승만 대통령과 자유당 정권에게는 상식을 말하는 시민들의 목소리가 들리지 않는 듯했다. 목소리를 높인다 하여도 돌아오는 것은 과거와 비교할 수 없는 일방적 폭력뿐이었다.

3 · 15 부정선거가 끝나자마자 자행된 자유당 의원들의 악질적인 정당법 개정안의 발의에도 세상은 조용했다. 대한민국의 모든 일은 그들의 마음대로였고 12년간 그래왔지만 이제 국가는 국민을 무서워하지 않은 상태가 확고해진 것 같았다.

자신들이 배운 그대로 끝까지 정의를 믿었던 학생들만이 마치 민족의 정기는 젊은이의 가슴속에서만 살아간다는 것을 증명이나 하려는 듯 부정선거와 마산사태 가해자의 처벌을 외치며 산발적인 시위를 실행으로 옮겼지만 총기를 앞세운 경찰 앞에선 한 시간을 넘기기도 힘에 겨웠다. 그리고 언론은 학생들의 이런 용기를 전해주기조차 힘든 나날이었다.

다만 '민주당 마산사태 진상조사위원회'의 고군분투 속에서 하나둘 밝혀지던 진실들만이 그나마 한줄기 위로라면 위로였다. 경찰이 민주주의를 외치는 자국민에게 학살을 자행한 사건 기록만이라도 후세에 남기자는 마음이었기 때문이었다. 하지만 자유당 정부는 사실의 기록조차 허용하지 않았다. 마산사건의 국회조사위원회를 결렬시켜버린 것이었다.

'현 정부의 실정 및 부정선거에 대한 시민의 울분이 터진 것'이라는 마산사건의 동기에 대한 민주당 보고서에, 자유당은 '데모의 배후에 공산당이 숨어있어서 폭동을 일으킨 것이다.' 라는 정반대의 보고서를 만들어 대응하였고 경찰의 발포행위에 대한 보고서 역시 '과잉 발포한 점에 있어서는 인정하나 경찰의 발포행위는 부득이한 것이었다,' 라며 극한의 대립상태를 만들어 결국 국회가 어떠한 보고서의 채택도 하지 못하도록 유도해 갔다.

전국을 흔들었던 정의의 함성과 부정의 진실은 영원히 사라져 갈 것이라 자괴하며 그렇게 하루하루를 보내던 대한민국이었다.

그러나 1960년 4월 11일, 남쪽의 항구도시 마산에서 숨죽이며 참아왔던 민중의 두 번째 분노가 폭발하였다.

시체가 되어서도 외침을 멈추지 않았던 17살 김주열 군이 만들어낸 침묵의 목소리 때문이었다.

■ 김주열 열사

낮 12시

부둣가에서 낚시를 즐기던 시민이 엄청난 월척이라며 젖 먹던 힘까지 다해 걷어 올린 낚싯줄 끝에 물고기 대신 퉁퉁 물에 불어버린 사람의 시신 한 구가 걸려있었다. 그것도 교복 차림의 나이 어린 학생이었다. 3월 15일 마산사태 당시 행방불명되어 27일 동안 온 식구가 목 놓아 찾아 헤매던 마산상고 신입생 17살 김주열 군이었다.

남원에 살던 그는 고등학교 진학을 위해 마산에 머무르던 중 들끓는 정의감에 시위에 참여했다가 죽임을 당한 것이었다. 건져 올려진 김주열 군은 너무도 참혹한 모습이었다. 바닷물 속에서 25일 동안이나 잠겨있었으니 참혹한 모습이 당연한 것이었겠지만 그럼에도 불구하고 이해할 수 없었던 것은 김주열 군의 얼굴이었다.

시신의 오른쪽 눈은 바닷물에 부풀어 화난 듯 부릅떠진 모습이었고 왼쪽 눈에는 포탄이 통째로 박혀있었다. 말로 형용하기 힘들만큼 끔찍한 모습이었다.

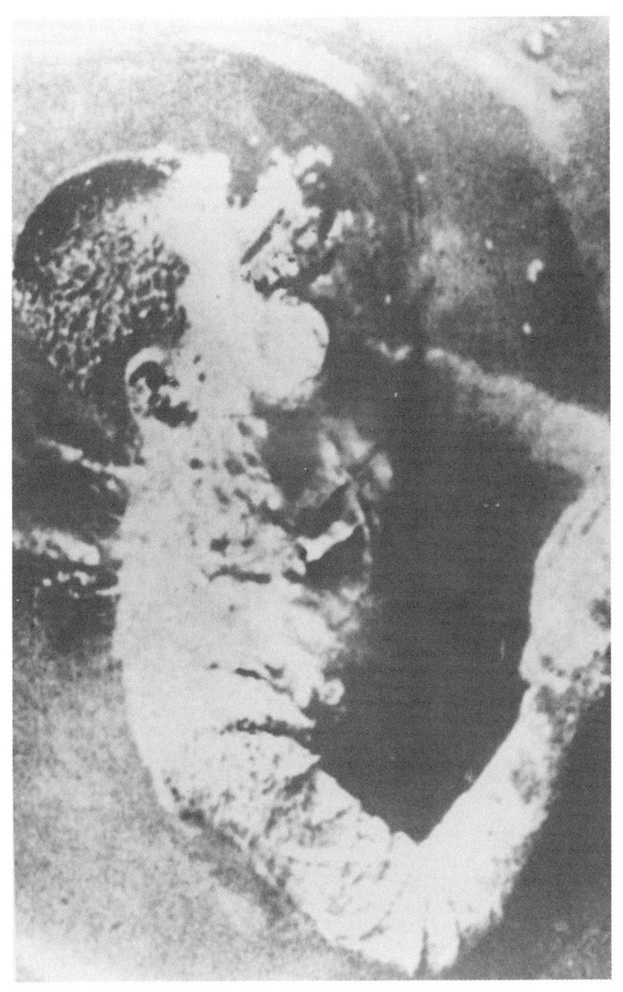

■ 낚시하던 시민에 의해 발견된 김주열 열사의 참혹한 모습
다음날 신문에 보도된 이 사진 한 장이 꺼져가는 분노의 불씨를 되살려
4 · 19 혁명을 가능하게 만든다.

■ 바닷물에서 건져지는 김주열 열사

눈에 박혀있던 포탄의 정체는 마산 시위 당시 경찰이 사용했던 것으로 직경 5cm, 길이 20cm, 꼬리 부분에 프로펠러가 달린 미국제 고성능 원거리 최루탄이었다.

이 알루미늄으로 만들어진 최루탄은 벽을 뚫고 들어가 폭발을 일으키는 테러용 최루탄으로서 겉면에는 "Don't use on the crowd." (군중을 향하여 사용하지 마시오.) 라고 선명하게 쓰여 있었다.

3월 15일 대한민국의 경찰들은 이런 최루탄을 학생들에게 12발이나 발사했던 것이었다.

고향이 전북 남원인 김주열 군은 중학교를 고향에서 마친 뒤 마산상고의 입학시험을 치르기 위해 마산으로 내려와 친척 집에 머무르고 있었다. 이미 마산고를 다니고 있던 자신의 친형도 마산에서 지내고 있었기 때문이었다.

3월 15일 형과 함께 시위에 참가했던 그는 당일 저녁 행방불명이 되었는데 아들의 실종소식을 연락받게 된 엄마는 한 달 가까운 시간 동안 아들의 행방을 묻고 다니며 길도 모르는 마산의 산과 들을 헤맸었다. 그리고 사태가 누그러져 실종자 명단에 실린 대부분 사람들의 생사가 확인되어갈 때까지도 김주열 군을 포함한 4~5명의 학생들은 확인되지 않고 있었기에 수많은 마산의 시민들도 김주열 군의 소식을 기다리고 있던 터였다. 온 가족이 생업을 포기하며 수소문하고 소식을 들은 민주당도 나서서 저수지의 물까지 전부 들어내며 찾아보았지만 끝까지 모습을 보여주지 않던 김주열 군이 실종 27일이 지나서야 바라보기조차 힘든 지경의 시체가 되어 엄마 앞에 나타나 준 것이다.

김주열 군이 시체가 되어 차가운 바닷속을 떠다녀야 했던 이유는 이러했다.

3월 15일 사건 당일 경찰의 총격으로 시위대가 모두 뿔뿔이 흩어질 당시 거리바닥에서 피를 뿌리며 죽어버린 학생들의 시체들을 확인하던 경찰 간부들도 총격사태의 심각성을 인식하고 있었다. 그러던 중 최루탄에 머리를 관통당한 끔찍한 학생의 시신을 발견하고 너무도 참혹했던 모습에 보고를 올렸는데 김주열군의 시체가 발견되면 시민들의 분노가 더 커질 수 있을 것이라 판단했던 마산경찰서장이 자신의 측근을 불러 시체를 비밀리에 유기하라 명령한 것이었다.

억울하고 분해서였을까? 민주주의와 자유를 외치던 불씨가 사라지고 있는 것이 안타까워서였을까? 25일을 차디찬 바닷속에서 지내던 그가 기어이 육지로 올라와 준 것이다.

김 주 열

시인 고은 –만인보–

마산 3월 의거 한 돌이 지나간다
세상은 잠 이룰 밤이 없었다
공포였다
불안이었다
다음날 물가는 또 뛰었다
1960년 4월 11일 오전
이런 시절에도
중앙부두 물 위에 낚시꾼이 있었다

낚시꾼 눈이 커졌다
벌떡 일어섰다 걸려든 물건을 보았다
시체
썩은 시체다

송장이다
송장이다
하고 외쳤다

눈에서 뒷머리 쪽으로
20센티 쇳토막이 박혀 있었다
하나둘 모였다
하나둘 모였다
어느새
천 명이 모였다.
살인선거 물리쳐라

시체 인도하라

3월 의거가
4월 의거로 불붙었다
4월 12일
만 명이 모였다

또 만 명이 모였다 나아갔다
마산시청
자유당 마산시장
국민회 지부
서울신문 지사에 돌을 던졌다

야당이다가 여당으로 돌아선
국회의원 집
시의원 집
사장의 집
우체국
소방서
어용신문 서울신문사
마산형무소에 돌을 던졌다

4월 13일 다시 궐기하였다

마산상고 합격자 김주열이
경찰에게 타살된 3월
타살되어
아무도 몰래 물에 던져진 뒤
그 주검

가라앉았다가
그 주검에 매단 돌 풀어져
떠오른 뒤
거기서 4월 혁명은 시작되었다

하나의 죽음이
혁명의 꼭지에 솟아올랐다.
뜨거운 날들이 이어졌다 목이 탔다

이제 마산은 전국 방방곡곡이었다.

오후 3시

시체가 옮겨진 마산 도립병원에 순식간에 천여 명의 사람들이 모여들었다. 검시를 한다고 시체를 가져다가 무슨 음모를 꾸밀지 모른다는 생각에서였다. 성난 군중들은 병원 문을 박차고 검시장 안으로 밀쳐 들어갔다. 그리고 비로소 시체를 목도 했다. 눈에 박혀버린 최루탄이 뒤통수를 뚫고 나와 있는 참혹한 모습을 확인하게 된 것이었다.

■ 병원으로 옮겨지는 김주열 열사의 시신

"김준열아! 어린 학생아, 너에게 무슨 죄가 있기에, 도대체 얼마나 큰 잘못을 했기에 이 지경의 모습으로 죽어야 한단 말이냐. 이렇게 어린 학생을 경찰은 어떻게 이리 처참하게 죽일 수 있는 것이냐. 이 참혹한 경찰의 만행을 어떻게 할 것이냐?" 시민들의 분노는 하늘을 찔렀다.

3월 15일부터 국가로부터 당해온 빨갱이라는 의심과 억압 속에서 불순분자가 있을지 모른다는 이유로 가가호호 검문검색을 당하고 젊은 이들은 이유 없이 잡혀가 혹독하게 고문당했던 억울함의 시간들과, 자식들이 경찰의 총에 다치고 죽은 것도 괴로운데 죽은 시체까지 빨갱이로 만들어 버리는 것에 대한 원망의 시간들. 그리고 자신들이 알고 있는 진실은 전부 왜곡되고 만들어진 거짓들이 사실로 둔갑 되어 세상에 알려지는 답답한 현실에 감정을 겨우겨우 억누르며 한 많은 시간들을 보내고 있었으나 김주열 군의 처참한 모습을 본 시민들이 더 이상 참지 못하고 자신들의 분노에 도화선을 당겨버린 것이다.

金朱烈! 그가 대한민국 역사에 가져다준 것은 그의 이름 그대로 붉고 강렬했다. 격한 감정과 분노에 불이 당겨진 마산의 시민들은 누구 할 것 없이 거리로 달려 나와 소리를 지르기 시작했다.

'협잡선거 물리치자' 라는 현수막을 만들어 시신이 있는 도립병원에 붙여 놓는 시민들도 있었고 시신을 메고 행진을 시도 하려는 학생들도 있었다. 소식을 들은 사람들은 분노에 떨면서 끊임없이 병원으로 모여들고 있었다.

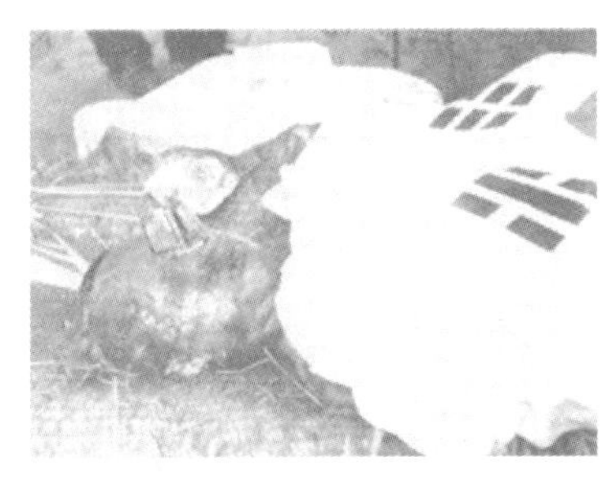

■ 시민들에게 공개된 김주열 열사의 참혹한 모습

오후 6시

병원에 모여 있던 사람들은 결국 울분을 참지 못하고 일부는 신마산 방향으로 일부는 구마산 방면으로 일부는 병원 주변에서 행진과 농성을 시작하였다. 세 갈래로 나뉘어 행진을 하던 시위대는 꼬리에 꼬리를 물고 합류하는 시민들로 인하여 어느새 4만 명을 넘어서는 규모로 불어나 있었다. 소식을 접한 마산의 거의 모든 학생들과 수많은 시민들이 하던 일을 멈추고 거리로 달려 나온 것이었다.

■ 소식을 듣고 달려 나온 마산의 여학생들

분노한 시위대의 끝이 보이지 않는 행렬, 선두에선 사람들은 어머니들이었다.

"내 자식들을 내 놓으라!"

자식을 잃은 어머니들의 한 맺힌 목소리는 사람들의 가슴을 찢으며 모두의 심금을 울렸다. '살인선거 물러가라, 우리도 죽여 봐라, 김준열 군을 인도하라!' 외치던 분노한 시위대는 마산 경찰서, 남성동 파출소, 북마산 파출소, 오동동 파출소 등 경찰이 있는 곳을 찾아 해일처럼 들이닥쳤다.

■ 자식을 잃은 슬픔으로 시위대의 선두에선 어머니들.

오후 9시

분노한 시위대를 안심시키고자 부산에서 병원으로 달려온 부산지검 검사가 확성기를 이용하여 "이번에 공정하게 규명할 테니 안심하고 돌아가 주시오"라며 호소했지만, 오히려 그의 목소리는 시위대의 분노에 기름을 붓는 격이었다.

시민들에겐 3 · 15 시위를 교묘하게 조작했던 검사들의 대한 기억이 선명했기 때문이었다. 병원 앞에서 조용히 농성 중이던 시민들은 검사의 말에 분노하여 병원의 유리 창문을 깨 버리기 시작했다.

또한, 북마산 방향으로 행진하던 시위대는 시청과 소방서 등에 돌팔매질을 하며 유리창을 깨뜨리고 시장의 집에 들어가 집안물건을 파손하기도 했으며 허윤수의 집을 찾아가선 가재도구까지 전부 부숴버렸다. 시위대는 허윤수의 소유였던 회사에 마지막 분노를 표출한 뒤에야 구마산 방향으로 발길을 돌렸다. 이날 마산의 자유당사무소, 국민회의 사무소, 서울신문 총국, 우체국, 형무소 등 공공기관 중에 멀쩡한 곳은 없었다. 민주당을 탈당하고 마산시의원에 임명되었던 김성근 의원의 집도 분노한 시위대의 손길을 피할 수 없었다.

그동안 위풍당당하게 위협을 일삼던 반공청년단과 자유당원 그리고 경찰들도 시위대의 규모를 보고 모두 달아나 버린 밤이었다. 이날 밤 마산은 분노의 거리 그 자체였다.

관공서를 부수던 시민들과는 다르게 학생들 대부분은 지금까지 줄곧 그래왔던 것처럼 평화적인 가두행진을 진행하고 있었는데 시위대의 분노가 무서워 피해 다니던 경찰들은 학생들을 발견하자마자 언제

그랬냐는 듯 경찰봉을 들고 달려들어 마산상고 운영위원장을 포함한 5명의 학생들을 경찰서로 연행해 버렸다.

학생들의 연행소식을 접한 시위대는 분노를 표출하며 마산경찰서로 달려가기 시작하였다. 그리고 저지선을 만들고 입구를 걸어 잠근 경찰들을 향해 학생들을 석방하라며 목소리를 높여 외치기 시작하였다. 분노한 시위대의 일부는 경찰서장의 차를 불태워 버렸고 시민들은 정문을 통과할 기세로 돌진하며 소리를 질러대기 시작하였다.

9시 40분

마산경찰서 안에서 시위대의 동태만 살피던 경찰이 공포탄을 쏘며 위협을 가하기 시작하였다. 3월 15일 마산에서 일어난 학살 이후 전국의 어떤 시위대라도 공포탄 소리를 듣게 되면 우선 도망가 버렸기에 그들에게 공포탄은 효과 만점의 제압방법이었다. 일단 시위대가 도망가기 시작하면 진압은 식은 죽 먹기였다. 도망가는 시위대의 뒤를 따라다니며 경찰봉으로 머리를 후려치기만 하면 되기 때문이었다.

탕, 탕, 탕, 두두두두두두두… 50여 발의 총성이 어둠을 갈랐다. 하지만 그들의 예상과는 다르게 마산의 시위대는 총성에 잠시 주춤했을 뿐 흔들리지 않았다.

"우리도 김주열처럼 죽여 봐라 이놈들아."

"우리가 여기서 물러서면 어린 김주열의 죽음은 물거품이 된다."

목소리를 높여 서로를 격려하며 용기를 짜내던 시위대이기도 했지만 3월 15일에 자행된 총격이 심각한 사회적 문제가 되고 있으니 설마 또다시 실탄을 발사하지는 않을 것이라는 생각도 있었기 때문이었다.

그러나 마산의 경찰들도 다르긴 마찬가지였다. 시민들의 생각과는 다르게 공포탄에도 물러서지 않는 그들을 보며 경찰들은 건물 벽을 이용해 엄폐한 뒤 기어이 실탄을 발사하기 시작하였다.

탕, 탕, 탕, 탕, 탕, 탕…

언제나 그러했듯 항상 시위대의 선두에서 목소리를 높이던 학생들이 우르르 쓰러지기 시작하였다. 화약 냄새와 함께 피비린내가 피어올랐고 비명소리가 밤공기를 찢었다. 하지만 이날 마산 경찰들의 발포는 최악의 선택이었다.

지금 경찰서의 앞에선 시민들은 쓰러지는 어린 학생들의 피를 본 이후 죽음을 넘어선 일종의 정신적 광란에 가까운 상태였기 때문이었다. 더군다나 참혹한 김주열 군의 시신을 보고 모였던 그들의 분노는 더 이상 멈출 수 없는 정도로 거대해져 있었다. 경찰이 자행한 또 한 번의 학살행위는 시위대의 분노에 기름을 들이부은 꼴이 되어버렸다. 애국가와 3 · 1 운동의 노래를 소리쳐 부르며 눈물 흘리던 시위대는 자신들의 분노를 표출해 마산경찰서를 두들겨 부수기 시작하였다.

그리고 마산경찰서의 파괴에 만족하지 못한 그들은 경찰들이 있는 곳을 찾아 달리기 시작하였다. 비교적 연약한 학생들을 찾아 사냥꾼처럼 소총을 들고 골목을 누비던 경찰들도 있었지만, 경찰이 있을법한 장소를 찾아다니며 파출소를 파괴하기 시작하는 엄청난 수의 분노한 시민들을 막을 방법은 없었다.

시위대는 북마산 파출소를 부수고 오동동 파출소를 박살내었다. 한편 남성동 파출소에 도착한 또 다른 시위대는 기물과 창문을 부수고 경찰들이 가지고 있던 서류를 전부 불태워 버렸다.

식민치하에선 일제의 앞잡이로서 살아가고, 해방이 되어서도 국민을 보호하기보단 이승만과 자유당의 개 노릇을 하며 그 한 줌도 안 되는 권력을 위해 국민을 억압하던 경찰들, 그들에 대한 시민들의 앙갚음이었다.

마산의 경찰서와 파출소를 전부 파괴하였지만, 아직도 분이 풀리지 않았던 시민들은 통금을 알리는 사이렌 소리를 무시한 채 거리와 골목을 누비며 밤새도록 목소리를 높였다.

"경남지사와 경찰서장을 사형시켜라."

"고문한 경찰과 발포한 경찰을 죽여라."

"협잡선거, 살인선거 다시 하라."

분노한 시민들의 목소리는 마산에 어둠이 사라질 때까지 멈출 줄을 모르고 울려 퍼졌다.

4월 12일 화요일

걷잡을 수 없는 마산의 분노

11일 밤 시위를 마치고 돌아오는 길에 김주열 군의 시신이 있는 도립병원에 들러 자신들의 목숨 건 투쟁을 다짐했던 마산공고 3학년 간부 학생들은 마산상고, 마산고, 제일여고, 마산여고 학생들과 함께 다음 날 첫 교시를 마치는 종소리가 들리면 일제히 들고 일어나 시위를 이어가기로 하였다.

오전 9시 50분

수업을 마치는 종소리가 울리자 신입생이었던 1학년을 제외한 2, 3학년의 전교생이 일제히 교실을 뛰쳐나와 시내를 향해 돌진하였다. 교문 앞에는 교장 선생님까지 나와 있었으나 특별히 학생들을 제지하는 선생님은 보이지 않았다. 만류해봐야 소용없는 일이라는 것을 선생님들도 알고 있었기 때문이었다. 그리고 그들 모두 3월 15일과 4월 11일 마산에서 발생했던 사태에 대해 깊은 분노를 가지고 있었다. 교문 앞에선 교장 선생님은 "비조직적인 난동은 희생자를 낼 뿐이니 이왕 하는 것 조직적으로 하되 질서를 끝까지 유지하기 바란다."며 당부의 말과 함께 학생들을 보내주었다. 시내로 나온 300여 명의 마산공고 학생들은 마산의 고등학교들을 돌며 "이제 죽어도 같이 죽자"고 참여를 독려하는 함성을 지르기 시작하였다.

학생들의 피 끓는 목소리에 엄청난 수의 시민들이 함께하기 시작하였고 어느새 1만 명 이상으로 불어난 시위대의 맨 앞줄에는 학생들을 보호하겠다며 나선 수많은 선생님들로 포진되어 있었다. 학생들의 가슴은 한때 오해했던 선생님들에 대한 존경심과, 함께하는 시민들의 응원으로 다시 한 번 벅차게 달아오르기 시작하였다.

■ 질서를 유지하며 평화적으로 행진하는 마산의 여학생들

오전 11시 30분

마산 시내를 관통한 학생들과 시위대가 제일극장 앞을 지나던 무렵

민주당 윤보선의원과 몇몇 국회의원들이 학생들을 만류하고 나섰다. 하지만 학생들은 뜻을 굽히지 않았다.

"질서정연한 시위행진이 끝나면 우리는 학교로 돌아갈 것입니다." 학생들의 뜻을 꺾을 수 없다고 판단한 윤보선 의원은 "그렇다면 국회의원인 우리들이 앞장설 테니 뒤를 따르라. 우리가 앞장서면 경찰들도 총을 쏘지 못할 것이다." 라며 시위대의 선두에 합류하였다. 국회의원들의 합류에 시민들은 더욱 힘을 얻기 시작하였고 너나 할 것 없이 마산시민 모두가 동참하기 시작하였다. 평일 오전이었음에도 시위대의 수는 어느덧 4만여 명을 넘어서고 있었다.

수많은 군중이 마산경찰서 주변을 통과할 무렵, 국회의원이 선두에 선 엄청난 수의 행진을 보고 경찰들도 미리 만들어 놓은 저지선을 순순히 풀어 줄 수밖에 없었다. 이들의 시위행진과 외침은 마산의 중심을 관통하며 그렇게 도심을 한 바퀴 돌았다.

15km에 이르는 행진을 마친 시위대가 다시 마산공고 앞에 도착하게 되었을 때 교문 앞에는 학생들을 기다리던 교장 선생님이 서 있었다.

"이제 교실에 들어가 수업을 하자." 교장 선생님의 말씀에 학생들은 학교까지 따라와 준 시민들을 향해 "우리는 이제 학업에 들어가겠으니 돌아가 주십시오. 감사합니다. 민주주의 만세, 마산 만세" 학생들의 외침에 시민들은 박수와 환호로 학생들을 보냈다.

2월 28일 대구에서 시작된 학생들의 데모가 처음으로 경찰과의 충돌 없이 평화적으로 마쳐진 후, 단 한 명의 사상자도 내지 않고 학교로 돌아오게 된 것이었다.

"이제 용기 것 하였으니 더 이상 흥분하지 말거라, 무사하게 돌아와서 참으로 기쁘다. 이 모든 책임은 내가 질 것이다."

교장 선생님의 이어진 훈시에 학생들은 모두 복받쳐 눈물을 흘리며 교실로 들어갔다.

오후 5시

내무부 장관과 법무부 차관이 제2 마산사태에 대한 공동 성명을 발표하였다.

> 정부는 과반의 마산소요사건 수습에 있어 이미 관계자에 대하여는 형사책임을 추궁 하는 등 성의 있는 태도로써 최선책을 추진하여 오고 있는 터에 이번에 또다시 소요사건이 발생하였다.
> 경찰로서는 온건한 방법으로 난동의 방지와 치안유지에 최선을 다하였음에도 불구하고 폭도로 변한 일부 시위군중이 일대 불상사를 일으켰음에 심히 유감됨을 금할 수 없는 바이다.
> 폭력 등 범법을 행사함은 도저히 용인될 수 없을 뿐만 아니라 그 배후와 조종에 종북 세력과 북한 공산당이 개재된 혐의도 있어 수사 중에 있으니 선량한 국민 여러분은 이에 부화뇌동하지 말 것이며 정부는 앞으로 이러한 사태가 계속해서 발생하는 경우 부득이 국법에 의하여 엄중 처단 할 것이니 국민 여러분은 정부의 이와 같은 방침에 적극 협조하여 주시기를 바라는 바이다.

하지만 성명서를 빙자한 정부의 경고는 엄청난 수로 불어난 시위대를 막을 수 있는 방법이 되지 못하였다. 김주열 군과 어제의 시위소식을 듣고 부랴부랴 찾아온 주변 지역의 사람들로 인하여 인구 13만의 마산에 10만 명이 넘는 군중이 모여든 것이었다. 마산은 어제에 이어 시민들에게 점령당하였고 모든 파출소의 경찰들은 전부 철수하여 경찰본청 사수에만 전력을 기울였다. 강경한 진압을 계속해 왔던 경찰들과 자유당 정부는 자신들의 예상과 다르게 시간이 갈수록 불어나는 시위대를 보고 미처 대처방안을 마련하지 못하였는지 일단 시위대에 대한 폭력을 자제하기 시작하였다.

이날의 시위에는 마산의 초등학교 학생들까지 거리로 나와 참여하고 있었다. 열 살 전후의 학생들은 고사리 같은 손으로 서로 어깨동무를 하고 '신문기자 권종림을 석방하라'는 현수막까지 들고 있었다. 권종림 기자는 3월 15일 마산의 상황을 민주당 조사위원회에 증언한 인물이었는데 시위를 선동하는 비밀지령을 받았다는 누명으로 연행된 뒤 모진 고문을 당해 일상적인 거동조차 불가능해진 몸으로 구속되어 있었다. 시민 대다수가 시위대로 변모한 해 질 녘의 해방구 같았던 마산의 외침은 끝날 줄을 몰랐다.

오후 7시

마산 당국이 긴급 통행금지령을 발표 하였다. 7시가 되자 시내 전체에 통행금지를 알리는 사이렌이 울려 퍼졌다. 하지만 당국의 예상과는 다르게 소수의 시민들만 집으로 향할 뿐, 장사를 할 수 없게 된 상인들과 퇴근을 한 직장인 그리고 창원시민들까지 합세하여 더욱 불어난 인파가 경찰서 앞으로 모이기 시작하였다. 경찰에 대한 쌓여왔던 분노와 연행된 사람들의 석방을 요구하기 위해서였다.

수만 명의 시위대는 경찰서를 에워싼 채로 소리를 높이기 시작하였다. 하지만 경찰들을 진두지휘하던 간부는 "돌을 던지면 그 자리에서 맞아라. 경찰이 움직이면 군중들의 흥분이 더욱 커진다. 돌에 맞아도 죽지는 않는다." 라고 독려하며 끝까지 무저항 태세를 유지하였다. 혹시라도 더 큰 일로 확대될까 두려운 마음에서였다.

오후 9시

그러나 일부 흥분한 시민들이 경찰서에 있는 자동차를 불태우고 돌을 던지며 경찰서 정문으로 진입하려 하자 경찰은 일제히 총을 겨누기 시작하였다. 그리고 공포탄을 발사하기 시작하였다.

소리에 놀란 시위대는 실탄사격이라 생각하고 50미터 정도 뒤로 도망쳤고 그 모습을 본 경찰들은 무려 30분간 사격을 멈추지 않았다.

기록을 보면 이날 경찰이 발사한 공포탄의 수는 약 천 여발에 달하였다.

승기를 잡은 경찰은 공포사격에 이어서 후퇴하는 시위대를 향해 물대포를 발사하기 시작하였다. 그러자 공포사격과 물대포에 분노한 시위대가 다시 걸음을 돌려 경찰서의 정문을 향해 돌진을 하고 그러면 경찰은 그에 대응하여 공포탄을 발사하기를 5번 정도 반복하게 되자 추위에 지친 일반 시민들은 하나둘 집으로 돌아가기 시작하였다. 그렇게 오후 11시가 되어 경찰서 앞의 시위대는 추가 사상자 없이 자연스럽게 해산하게 되었다. 시위대를 향한 경찰 간부의 현명한 대처 때문이었다.

한편 시청 앞에 집결했던 또 다른 군중들은 무방비상태였던 시청으로 들어가 유리창과 기물들을 파괴하고 구비되어있던 서류들을 모조리 끄집어내어 시청 주변 길바닥에 쌓아 불태워 버리기도 하였다.

대로에서 애국가를 부르며 분노를 식히던 시민들의 시위는 자연스럽게 해산 되었지만 일촉즉발의 마산의 숙제는 여전히 풀리지 않고 있

■ 파손되고 마구 어질러진 마산시청 내부의 기물들

■ 시위대에 의해 파손된 소방차

4월 13일 수요일

식어가는 마산의 열기

봄비가 하루 종일 내리는데도 불구하고 부산 시민과 학생들이 이른 아침부터 도시로 몰려들어왔다. 연일 계속되는 시민들의 시위에 마산의 행정업무는 완전히 마비된 상태였고 대부분의 상가들도 문을 열지 않았다. 골목마다 삼삼오오 모여 웅성대던 사람들은 언제든 시위대에 합류할 기세였다. 그러나 마산 주변 지역에서 총동원된 경찰들은 어제와는 다르게 완전히 강경 일변도로 변해있었다. 지난 이틀 동안의 경험을 기반으로 새로운 진압책을 준비하고 있었기 때문이었다. 그리하여 시위대로 의심되면 폭력을 휘두르며 경찰서로 연행해 구속시키는 작업을 하루 종일 반복하였다. 한 가지 특이한 점은 비가 내리는 가운데에서도 소방차를 앞세워 시위대를 향해 물대포를 뿌려 댔는데 지금까지와는 다르게 빨간색 물감이 풀어져있는 물대포였다.

시위를 하는 사람은 물을 뒤집어쓰게 될 테니 설혹 학교로든, 집으로든 도망치더라도 붉은색으로 물들어 있는 사람을 잡는 것은 시간문제라는 생각이 만들어낸 것이었다. 붉은색으로 물든 시위대는 새빨간 빨갱이라는 경찰의 인식이었다.

오전 10시

해인대학교(부산대학교) 학생들이 마산으로 몰려와 시위대에 힘을 더했다. 대학생들이 일어서 주었음에 힘을 얻어 합세한 천여 명의 고등학생들이 시청 앞에 집결하여 행진을 시작하였다. 김주열 군이 누워있는 도립병원을 거쳐 구마산을 통과해 시청으로 다시 돌아오려던 학생들의 행진이었다. '보장된 기본인권을 그 누가 빼앗을 거냐.'라고 적은 현수막을 들고 노래를 부르며 행진을 시작한 대학생들은 빗속에서도 시민들의 지지를 받으며 민주주의를 향한 목소리를 이어 나갔다.

■ 마산에 도착한 해인대학교 학생들.
'보장하라 기본인권' 이라는 문구가 적힌 현수막이 보인다.

오전 11시 30분

소식을 듣고 출동한 경찰들이 이들 행진의 뒤를 잡았다. 강경진압을 계획해온 그들은 학생들을 향해 시뻘건 색의 물대포를 쏘아대기 시작하였고 붉은색 물을 뒤집어쓴 학생들은 머리부터 발끝까지 순식간에 빨갛게 물들어 버렸다. 갑작스러운 물대포와 그 시뻘건 핏빛의 색에 당황한 학생들이 소방차의 방향으로 돌아서자 이번엔 그들의 후방에서 백여 명의 경찰이 뒤돌아있는 학생들을 향해 휘두르며 달려들었다.

"이놈에 빨갱이 새끼들."

수많은 학생이 피를 흘리며 바닥으로 고꾸라졌고 이날 경찰의 폭력은 급속도로 다시 정상적인 수준을 넘어서고 있었다. 대학생까지 있었기에 더욱 강경했던 진압이었다. 학생을 때리던 경찰봉이 부러지는 일이 발생할 정도였다. '부러진 민중의 지팡이.' 경찰의 잘못을 비꼬는 대표적 표현이 탄생하는 순간이었다.

경찰의 무지막지한 폭력에 학생들은 도망을 치기에 여념이 없었고 행진은 진압됐으며 부상을 당한 수많은 학생들이 연행되었다. 도망을 가는 학생들을 열심히 쫓아가는 경찰은 드물었다. 교복이 물들었으니 내일부터 학교를 돌아다니며 색출작업을 시작 할 것이기 때문이었다. 학생들이 있던 곳 이외에도 시위대가 있는 거리마다 붉은색 물대포가 발사되었고 봄비가 내리던 마산의 거리는 빨갛게 물들어 갔다.

오후 1시

이승만 대통령이 대국민 특별담화문을 발표하였다.

남쪽의 항구도시 마산에서 민심이 요동치고 있음을 의식한 담화라 생각했었으나 대통령이 발표한 담화문은 권력유지를 곤고케 하기위한 정당개혁안 처리에 방점을 둔 것이었다.

이승만 대통령 담화문

우리나라엔 파당 싸움이라는 것이 예전부터 있었는데 이것은 세력을 꾸려가지고 서로 살육으로 결단을 내서 필경은 나라가 위태롭게 될 때까지 이르렀다.

그런 까닭으로 근래에 와서 지금 세계에서 시행되는 새 정당제도를 따라서 행해 나가게 될 적에 우리 국민들이 예전 파당만을 생각하여 크게 놀라며 이제 우리는 살 수 없게 될 것이라고 하는데 지금 정당은 그전과 달라서 싸움하며 나라를 결단내는 것이 아니고 나라를 잘되게 만들어서 크고 부강하게 해 나가는 것이므로 이러한 정당은 우리에게 좋은 것이며 또 정당이 둘 셋 있게 되면 잘못하는 것을 서로 교정해 나가고 또 잘하는 것은 서로 찬성해서 더욱 잘 만들어 갈 수 있다.

그동안 이 뜻으로 행하며 이 원칙으로 주장해 나온 것이 지금 와서 잘되는 줄 알고 지내온 것인데 불행히도 우리 사람들 중에 새 정당제도를 다 집어내 버리고 혼란을 일으켜서 싸움으로 모두 결단을 내는 것만을 시행하고 있으니 이렇게 되면 이것은 예전 그대로를 또 해서 결단을 내 우리도 문화발전이 많이 된 까닭으로 하려는 것이므로 지금이라도 근대세계에서 시행되는 정당제도를 배워서 시행해 나가야 된다.

지금에 와서는 남의 나라 정당이 해가는 것을 알아가지고 이 정당 제도를 잘 만들어서 복스럽게 될 것을 우리가 믿고 그대로 시험을 많이 해보았다.

그러나 슬프게도 오늘에 와서 문명 정도를 다 파괴시키고 난당 행위를 행하려는 것이 지금 목전에 있으니 이것을 그냥 내버려 두고는 누구나 다 편안히 살 수 없다. 그래도 우리가 이것을 참고 의로운 방향으로 계속해서 나가볼까 했던 것인데 점점 심해져서 지금은 대단히 위험한 자리에 들어가고 있는 것이다. 이것을 내가 우리 동포들에게 알리지 않을 수 없어서 호소하는 것이니 우리 애국 남녀동포들은 여기서 함께 동심협력해가지고 의로운 자리로 찾아 나가서 결단 내려는 사람들이 하고자 하는 것을 행하지 못하게 만들어야 우리가 앞길이 있을 것이고 그렇지 않고는 대단히 급박한 형편을 피하기 어렵게 될 것이다.

우리나라 소위 정당 싸움은 얼마 전부터 이렇게 되어서 이것을 이렇게 피하고 또 저렇게 피해서 왔는데 지금 법을 다 폐지하고 난당의 행위로 여기저기서 싸움이 일어나고 사람의 생명을 살해하며 학교에서 공부하는 학생들을 선동하여 끌어다가 혼동을 일으켜 위험한 자리를 이루게 되니 이것을 그냥 두고는 어떻게 할 수가 없다. 그러므로 부득이 내가 대통령의 명의를 가지고 민심을 안정시켜서 모든 사람들이 다 안도가 되도록 해야 하므로 불법행위를 일체 중지하고 법으로 조처할 것이니 만일 누구든지 불만한 일이나 억울한 일이 있으면 다 각각 그 지방의 법을 맡아보는 사람들에게 호소해서 법리적으로 행하게 만들어야 될 것이다.

그렇지 않고 각각 법률을 내놓고 자행자의로 혼란을 만드는 자는 어디서든지 법대로 처리해서 시국을 정돈할 것이며 우선 이렇게 만들어 놓으면 그다음 해 나갈 것은 다시 지휘를 할 것이니 그렇게 알고 법령을 각각 중히 시행하되 일반 국민은 각별히 조심해서 난민들과 사귀지 말고 양민의 태도를 준행해서 이대로 행하여야 정돈이 되어서 위험한 자리에 들어가지 않게 될 것이다.

이 난동 뒤에는 공산당이 있다는 혐의도 있어서 지금 조사 중이다. 난동은 결국 공산당에 대하여 좋은 기회를 주게 할 뿐이니 모든 사람들은 이에 대해서 극히 조심해야 될 것이며 또 지방 경찰은 각각 그 지방의 정돈을 지켜서 혼란이 없게 만들어야 될 것이다.

담화 속에는 정당개혁에 관한 이야기와 시위대에 대한 경고의 메시지가 담겨 있을 뿐이었다. 온 국민을 분노하게 만든 김주열 학생의 처참한 시신에 대하여는 어떠한 위로의 말도 없었다.

오후 7시

봄비는 폭우로 변해있었다.

폭우로 변해버린 비속에서도 경찰들을 피해가며 목소리를 높이던 시위대였으나 경상남도의 모든 경찰병력이 총동원된 마산의 주요 거리는 10m마다 배치된 경찰들로 인하여 마치 계엄과도 같은 상황이 연출되고 있었다. 경찰 당국은 7시를 기해 어김없이 통행금지령을 내렸고 통행금지 사이렌이 울린 뒤 불과 30분 만에 250명의 시위대가 연행되었다는 것은 이날 경찰의 진압이 어느 정도로 강성했었는지를 보여주는 증거였다. 어제와는 다르게 사람이 보이면 달려가 무조건 검거해버리는 경찰이었다. 경찰의 압력과 거센 빗줄기, 그리고 목숨을 걸고 외쳐도 들어주지 않는 대통령과 정부에 사람들은 하나 둘씩 지쳐갔고 60시간 동안 뜨겁게 불타오르던 마산은 세차게 내리는 비와 함께 그렇게 그 열기를 식혔다.

4월 15일 금요일

잡혀가는 사람들과 대통령의 담화

마산의 두 번째 대규모 시위가 진압되자 이승만과 자유당 정부 그리고 검찰과 경찰은 대대적인 반격을 시작하였다.

우선 정부는 마산에 '대공삼부 합동수사위원회'라는 수사본부를 만들었다. (검찰, 경찰, 군의 합동수사위원회)

대공삼부 합동수사위원회는 민주당과 국회조사위원회와는 다르게 마산사태의 진상을 조사하고자 하는 모습을 보여주지 않았다.

대공 삼부위원회의 목적은 오직 하나, 국가 폭력의 중추가 총동원되어 빨갱이를 검거하고자 하는 데 있는 듯 보였다. 그리고 사실을 증명이나 해주듯 이날부터 경찰은 엄청난 수의 시민들을 연행하기 시작하였다. 마을 우물가에서 물지게를 이고 가는 아주머니들과 쓰레기를 버리려 집 앞에 나온 시민들, 여기에 더하여 농번기 품앗이를 마치고 집으로 돌아가는 농민들까지 통행금지령을 위반했다는 죄목으로 연행해 가는 촌극이 마산지역 전역에서 행해졌다.

경찰에게 검거에 대한 할당량이 떨어진 것을 의심해도 이상하지 않을 상황이었다. 그도 그럴 것이 경찰서에 억류되어 있는 사람들의 수가 이미 천여 명을 훌쩍 넘어서고 있었고 경찰서유치장은 수용 한도를 초과한지 오래였다. 경찰서 주변엔 농사일을 끝내고 잡혀온 사람들의 물동이와 지게가 가득하였다.

신문과 라디오에선 연일 마산사태에 대한 보도가 계속되었다. 빨갱이의 소행이 확실한 증거가 여럿 있다는 경찰과 검찰 그리고 자유당발 기사들이었다. 단 한명도 증거를 제시한 적은 없으나 증거가 있다는 식의 기사는 연일 모든 매스컴을 메우고 있었다.

간혹 치안국장 정도가 내미는 증거라는 것은 "식도와 죽창을 가지고 날뛴 사람들이 있었는데 죽창을 들었다는 것은 남로당의 수법이다." 라는 식이거나 "시위대중 일부가 경찰서에 들어와 무기고를 따고 수류탄을 가져가 경찰을 향해 터트렸는데 무기고 열쇠를 따는 수법이나 수류탄을 투척하는 솜씨가 고도의 훈련을 받은 자." 라는 것들이었다. 하지만 이들이 내민 증거들은 전혀 발생하지도 않았던 거짓말들이었다. 첫 마산사태로부터 한 달이 지난 오늘, 시민들은 더욱 가혹하게 빨갱이로 몰려가고 있었다.

또한, 수사당국은 민주당과 시민들이 그토록 반대했던 김주열 군의 검시를 밀어붙였다. 해부의 강행을 막을 수 없다고 판단한 민주당과 시민들은 "부검을 한다 하더라도 조작의 의심이 있으니 민주당이 추천한 의사도 동참시켜 달라"고 호소하였으나 검찰은 일고의 여지없이 묵살하고 부검을 진행해 버렸다. 그리고 나온 발표라곤 경찰의 발포와 최루탄 직격에 의한 사망이라는 모두가 알고 있는 사실을 말하면서도 "얼굴에 박혀있는 최루탄은 김주열 군 사후에 만들어진 인위적인 것일 수도 있다" 는 의혹을 추가했다. 선동을 위해서 누군가가 인위적으로 참혹한 시체를 만들었을지 모른다는 음모론이었다. 의혹 부풀리기를 통한 여론몰이가 시작되려 하고 있었다. 억울하고 분한 마음속에서도 정부의 힘에 마산은 급속도로 식어갔다. 시위라도 해볼라치면 가차없는 강경진압이 실시되었고 국민에 대한 감시와 경계가 너무 심하여 사람들이 모일 수 있는 기회조차 차단되었다. 그런 와중에도 30여 명의 용기 있는 학생들이 용마산에 올라가 태극기를 휘날리며 만세시위를 벌였으나 순식간에 산 위로 달려온 경찰들에게 태극기를 빼앗기고 바로 진압되었다.

그렇게 마산의 열기가 완벽하게 진화되자 담화를 발표한지 이틀 만에 이승만 대통령은 다시 한 번 대국민 담화를 발표하였다. 쐐기를 박는 담화문이었다.

지금 듣기는 마산폭동이 거반 정돈이 되어서 철모르고 덤비던 사람들이 정신을 차려 정돈이 되어가게 된 것을 잘되는 것이라고 생각하는데 국내외에서 들어오는 소식에 의하면 마산에서 일어난 폭동은 공산당이 들어와 뒤에서 조종한 혐의가 있다고 하는 것이다. 공산당의 선전에 속아서 이런 일을 한다면 가증가탄(加增可歎)할 일인 것이다. 몰지각한 사람들이 또 선동하여 난동을 하다가 필경 이러한 불상사를 만들어 놓았으니 이것을 우리가 그냥 둘 수는 없는 것이다.

그저 정치욕 만으로 이런 일을 또 만들었으니 몰지각한 사람들이 밖에서 선동하는 것만 듣고 공산당의 선전에 놀아나는 것을 각오를 시켜서 다시는 이런 일이 없도록 법으로 다스려야 할 것이다.

제일 주의하여야 할 것은 학교에 다니는 어린아이들을 꾀어가지고 선동을 해 나가는 것인데 이것은 첫째로 그 부모들이 자식들을 방임한 책임이 있는 것이니 앞으로는 그렇지 않도록 각오하고 다시는 이런 일에 참석지 못하도록 만들어 놓아야 할 것이다.

과거 전남 여수에서 공산당이 일어나서 (여수 순천 항명사건 또는 여수 순천 반란사건) 사람들을 많이 죽였을 때에 조그만 아이들이 일어나서 수류탄을 가지고 저의 부모들에게 까 던지는 이런 불상사는 공산당이 아니고는 있을 수 없는 것이다. 이런 것을 보고 외국 기자들도 말하였지만, 공산당이라는 것은 부모도, 어른도, 아이도 모르고 사람이 할 수 없는 짓을 자행자지하며 이렇게 하는 것을 오히려 잘하는 줄로 알고 있는 것이다. 그러니 난동을 일으켜서 결국 공산당에게 좋은 기회를 주는 결과밖에 되지 않는 것이니 이러한 일이 없도록 모든 사람들이 다 같이 노력해서 만전을 기하도록 하여야 할 것이다.

장면 박사의 끊임없는 독대요청과 '민심을 자극하지 말라 강경책은 또 다른 사태를 야기 시킨다.' 라는 마산사태 국회조사단의 대정부건의안이 만장일치로 채택되어 희망이 보이는 듯 하였으나, 경찰과 정부의 시위대를 향한 강경한 태도는 멈추지 않았다.

4월 16일 토요일

시신유기의 장본인 박종표

김주열 군을 마산 앞바다에 유기한 경찰의 신원이 발표되었다.

다행히 어제 있던 검시보고서의 의혹과 음모론은 하루 만에 사라지게 되었다. 시위대를 향한 발포명령과 김주열 군의 시신유기에 대한 책임을 지게 될 사람은 경찰관 직무집행법 위반으로 구속되어 있던 마산경찰서 경비주임 박종표 경위였다.

혐의의 사실을 이러했다. 3월 15일 마산의거 당시 개표장이었던 마산시청에는 지청장 서득룡, 마산경찰서장 손석래, 자유당 국회의원 허윤수, 사단장 김희덕, 시장 박영도가 지켜보고 있는 가운데 박종표 경비주임이 현장을 지휘하고 있었는데 그가 내린 발포명령으로 그의 부하 7명이 최루탄과 총탄을 발사하였다는 것과, 그것으로 말미암아 김영호 군과 김주열 군 등 4명의 학생이 그 자리에서 사망하고 12명의 학생들이 중상을 당하게 되었다는 것이었다.

또한, 여기에 더하여 참혹했던 김주열 군의 시신까지 마산 앞바다에 유기했다는 혐의였다.

다음은 훗날 재판과정에서 밝혀진 박종표의 자백내용이다.

3월 15일 밤 10시 즈음 교통주임으로부터 최루탄이 눈에 박힌 괴이한 형상의 시체를 발견했다는 연락을 받았는데 내용이 심상치 않아 손석래 마산경찰서장에게 보고를 하였다. '적당히 알아서 처리하라' 는 서장의 명령을 받고 순경 '한대진'과 함께 시체에 돌을 매단 후 바다에 던졌다.

매년 노벨문학상 후보에 오르는 시인 고은은 그의 연작 시집 '만인보'에서 박종표를 이렇게 표현했다.

박 종 표

시인 고은 –만인보–

꾹 다문 보랏빛 입술 살쾡이 눈 그리고 빼갈 네 도꾸리
1미터 60의 낮은 키
일본 헌병 오장(伍長) 아라이(新正) 앞잡이 박종표
일제 말 동포 고문 및 고문치사 수십 건
해방 이후 마산경찰서 경비 주임 박종표

1960년 3월 15일 부정선거 마산시위

학생 김주열이 얼굴에 최루탄 박혀 즉사했다
경찰서장 손석래의 지시로
그가 나서서
그 시체에
돌 여섯 개
매달아 마산 신포동 중앙부두 앞바다에 던져 넣었다

가래침 탁 뱉었다

그 시체가 떠오를 줄이야
바다 밑 물속에 깊이깊이 가라앉았다가
매단 돌덩이들 빠져나가 시체가 떠오를 줄이야
하필이면
홍합을 잡던 노인의 눈에 발견될 줄이야

소스라쳤다
소스라쳤다

쇠갈퀴 끌어올렸다
낙배에 실었다
부둣가에 내려놓았다

죽은 고기가 아니라 죽은 사람이었다
김주열이었다
김주열이었다

김주열 시체가 떠올라 4월 혁명으로 내달렸다
박종표
그는 이승만의 끝
그 자신의 끝이었다
대구교도소 형장
일제시대 이승만 시대의 끝이 그의 끝이었다.

일제시절 헌병대 오장 앞잡이 출신으로 대표적 친일파 출신 경찰이었던 박종표 경위는 '아라이켄이치'라는 이름의 악질적인 헌병보조원이었다. 그는 해방 후 '노덕술'등과 함께 반민족특위에 회부되었으나 이승만 정권에 의하여 무죄 석방 된 후 경찰 간부가 되었고 훗날 들어선 장면 정부에 의하여 사형을 선고받았으나 5 · 16쿠데타 이후 무기징역으로 감형된 뒤 1968년 박정희 대통령의 특별사면으로 다시 자유인이 되었다. 그 후 박종표는 자신의 반민족 행위를 숨긴 채 우리의 친근한 이웃으로 변모하여 부산에서 식당을 운영하다 천수를 누리고 사망한다. 고은 시인은 그가 사형을 당했던 것으로 알고 있었던 듯하다. 하지만 '만인보'의 마지막 구절에 명시된 대구교도소의 형장은 그의 끝이 아니었다. 이승만은 끝났지만 그를 비롯한 악질경찰들은 대부분 심판받지 않은 채 여전히 경찰 고위간부로서 또는 친근한 이웃의 모습으로 대한민국에서 살아남았고 그런 그들의 모습들은 우리 현대사의 아픔을 보여주는 또 다른 상징이기도 하였다.

어찌 되었든 박종표의 구속은 누가 보아도 도마뱀이 꼬리를 자르는 수사 발표라는 것을 알 수 있는 사실이었고 수습책을 위한 쇼에 불과했다.

정부당국은 학교 연합회의 이름을 빌어 마산 시내의 중고등학교에 다시 한 번 휴교령을 내렸다. 학생들만 뭉치지 못하게 막으면 된다고 생각하는 것이었다. 시내의 거리엔 여전히 칼빈 소총을 맨 무장 경찰관들과 삼륜오토바이를 탄 기동대가 돌아다니며 삼엄한 경비망을 펼치고 있었고 시위에 대한 복수로 끊임없이 시민들을 연행해갔다. 시위가 최고조에 이르렀을 때 주변지역의 사람들까지 합세하여 15만 명이라는 엄청난 수의 군중이 모여들었던 마산이었으나 권력의 힘이 총동원된 상황에서 시민들이 할 수 있는 것이라곤 또다시 울분을 삼키는 것 뿐이었다.

인천과 전주에서도 민주당당원들과 학생들이 시위를 결행하여 보았으나 파랗게 날이 선 경찰의 힘에 대부분 연행되어 버렸다.

김주열 군의 시신으로 다시 뜨거워진 민주주의에 대한 갈망과 잘못된 것을 바로잡으려는 정의는 그렇게 다시 땅에 떨어지는 듯 보였다.

지금까지 목소리를 높이며 앞장서 왔던 사람들은 모두 중고등학생들이었고 대학생들이 외치는 모습이라고는 4월 4일에 전북대학교학생 300여 명과 며칠 전 마산으로 달려온 해인대학교(부산대학교) 학생들이 전부였다.

대한민국의 해방 이후 15년 동안, 제 3대 대통령 후보였던 1956년 신익희 후보가 급서하였을 때를 제외하면 대한민국의 명문대학생들은 단 한 번도 시위를 하거나 불의에 대항하는 목소리를 외치지 않았다. 당시의 대학생들은 개인주의적이었으며 거대한 선민의식에 사로잡혀 있었다. 명문대 학생의 통일된 의견은 전체의 여론형성에 막대한 영향력이 있었음에도 그들은 항상 침묵으로 일관했다.

이런 이유 때문에 2월 28일부터 시작된 많은 학생운동에서

"선배들은 썩었다."

"서울의 대학생들은 비겁하다."

"선배들은 각성하라."

이런 구호가 왕왕 등장했던 것이었다.

그리고 고등학생과 중학생들의 시위가 일어난다 하더라도 여론형성에 막대한 힘을 내포한 대학생들이 목소리를 높이지 않는다는 사실에 힘입어, 이승만정부와 자유당정권은 지금까지 심각한 위기의식을 보

이지 않았던 것이 일면 사실이었다. 하지만 혹시라도 일어날 만일의 사태에 대비해 대학교 내외에 사복경찰들을 풀어 감시를 진행하는 것은 소홀히 하지 않았던 그들이었다.

국민의 주권을 도둑질했던 선거는 이미 한 달이나 지나갔고 대한민국의 민주주의를 위하여 올바른 방법의 선거로 다시 투표해야 한다는 상식적인 말도 선거불복이란 단어에 막혀버렸으며 정의를 부르짖는 마산의 뜨거운 열기가 두 번이나 만들어졌음에도 결국 불씨가 사그라져 가는 모습을 보고 대부분의 국민들은 다시 일종의 허탈과 허무의 상태 빠져 벗어나질 못하고 있었다.

부정의 특성상 앞으로의 부정은 더욱 거대해지고 교묘해질 것이 분명하였다. 또한, 선거는 형식에 불과한 것으로 전락될 것이 눈에 선하였으며 국민에게서 주권의식은 서서히 사라지게 될 대한민국 민주주의의 모습이었다.

그러나 모두의 생각과는 다르게 대한민국의 민족의 정기는 다시 한 번 불씨를 피어 올릴 준비를 하고 있었다. 경찰의 감시 때문에 어느 누구도 쉽게 일어서지 못하는 상황이었음에도 불구하고 감시의 눈을 피한 고려대학교의 학생간부들이 하숙방에 모여들기 시작한 것이다. 부정선거의 사실과 마산의 상황이 아무 일 없었다는 듯 매장되어가는 모습을 지켜보던 그들은 구체적인 시위계획을 수립해 나아갔다.

경찰의 집요한 감시와 방해 때문에 4월 18일로 연기된 신입생 환영회 날을 궐기의 D-Day로 잡은 그들이었다. 정부가 두려워하던 명문의 대학생이 마침내 일어설 준비를 하게 된 것이었다.

1960년 4월 18일 월요일

4.18 고려대학교 학생시위

오후 12시 20분 고려대학교 학생위원장 이기택은(1967년 신민당으로 정계에 입문한 4 · 19 세대의 대표적인 정치인이다.) 5개 단과대학 운영위원장들과 모의해 거사를 준비하였다. 정경대 이세기, 상과대 이기택, 법과대 강우정, 문과대 윤용섭, 농과대 김낙준 등 4월 18일 시위선봉에 서 있던 그들이었다. 봄 햇빛 흩날리던 4월 18일 오후 12시 50분, 인촌 김성수(실질적인 고려대학교의 설립자)의 동상 앞에는 경찰의 눈을 피해 신입생 환영회를 구실로 모여 빼곡하게 운집한 학생들로 가득했다. 학생들의 수는 어느덧 3천여 명을 넘어서고 있었다. 환영회의 기념품으로 제작한 수건을 나누어주며 그들은 고대신문 편집국장이었던 박찬세가 초안을 작성한 '고려대학교 4 · 18 선언문'을 비분강개의 심정으로 울분을 터트리듯 낭독하였다. 당시 경영대 운영위원장이었던 이세기의 웅변이었다.

4.18 선언문

이 탁류의 역사를 정화시키지 못한다면…….

친애하는 고려 대학생 제군! 한 마디로 대학은 반항과 자유의 표상이다. 이제 질식할 듯한 기성 독재의 최후적 발악은 바야흐로 전체 국민의 자유와 생명을 위협하고 있다.

그러기에 역사의 생생한 증언자적 사명을 띤 우리들 청년학도는 이 이상 역류하는 피의 분노를 억제할 수 없다. 만약 이와 같은 극단의 악덕과 패륜을 포용하고 있는 이 탁류의 역사를 정화시키지 못한다면 우리는 후세의 영원한 저주를 면치 못하리라.

말할 나위도 없이 상아탑에 안주치 못하고 대사회투쟁에 참여해야만 하는 오늘의 20대는 확실히 불행한 세대이다. 그러나 동족의 피를 뽑고 있는 이 악랄한 현실을 방관하랴.

존경하는 고대학생제군! 우리 고대는 과거 일제하에서는 항일 투쟁의 총본산이었으며 해방 후에는 인간의 자유와 존엄을 사수하기 위하여 멸공전선의 전위적 대열에 섰으나 오늘은 진정한 민주주의의 이념쟁취를 위한 반항의 봉화를 높이 들어야 하겠다.

고대 학생제군! 우리 청년학도만이 진정한 민주역사 창조의 역군이 될 수 있음을 명심하여 총궐기하자.

성명서의 낭독이 끝나자 오랜 시간 참아왔던 고려대학교 학생들의 외침이 사자후가 되어 터져 나오기 시작했다. 한 달이 넘어도 불붙지 않던 서울시내의 첫 대학생 시위가 시작된 것이다.

"기성세대는 각성하라!"

"마산사건의 책임자를 즉각 처단하라!"

"우리는 행동성 없는 지식인을 배제한다."

"경찰의 학원출입을 엄금하라!"

"오늘의 평화적 시위를 방해치 말라!"

동상 앞에 모인 4천여 명의 젊은 호랑이들, 그들의 의기 가득한 포효가 안암동 주변을 완전히 뒤덮었다.

피의 화요일로 불리는 4 · 19의 혁명의 본격적인 시작을 알리는 소리였다.

■ 선언문을 발표하는 고려대학교 학생들.
신입생 환영회의 구실로 만든 수건을 머리에 두른 학생들이 보인다.

오후 1시 20분

'민주역적 몰아내자.' '자유 정의 진리 드높이자.' 라는 현수막을 앞세운 3천 명의 학생들은 교문을 나와 세종로 주변에 있는 국회의사당을 향해 행진을 시작하였다. (1960년 국회의사당은 세종로에 있었다. 현재는 서울시의회가 사용하고 있다.)

허나 격분의 행진은 교문을 출발한 지 얼마 지나지 못하여, 출동한 경찰의 신속한 진압으로 안암동 로터리 입구와 대광고교 앞에서 90여 명이 연행되었고 경찰들의 무차별한 폭력 앞에 피를 흘리며 뿔뿔이 흩어지게 되었다. 출발로부터 반 시간도 지나지 못한 시간이었다.

■ 행진을 시작하자마자 경찰에게 진압당하는 고대생들

하지만 애초에 거사를 준비했던 학생위원들은 경찰의 진압에 대응한 2차, 3차, 계획을 모두 수립해 놓은 상태였고, 그런 이유로 경찰과의 충돌과 흩어짐을 9차례나 반복하면서도 안암동 사거리–신설동–종로–세종로를 거쳐 결국 계획한 대로 태평로 국회의사당 앞에 집결해 연좌농성에 성공하게 되었다. 그 시각 2시 20분 교문을 나선지 한 시간이 막 지나간 때였다.

■ 동대문을 지나는 4천여 명의 고려 대학생들
머리에 신입생 환영회 기념수건을 두르고 있다.

오후 2시 30분

추위를 녹이며 부서지던 봄 햇살 아래 민의의 전당인 세종로 변 국회의사당 앞에 먼저 집결한 2천여 명의 학생들은 계획대로 연좌농성을 시작했다. 경찰의 학원개입 중지와 시위 중 체포된 학생들의 석방, 기성세대의 각성과 마산사건의 책임자 엄벌, 그리고 3·15 부정선거의 규탄과 정·부통령에 대한 재선거 실시를 목청 높여 외치며 농성의 시작을 알렸다.

위원장들은 나와서 웅변을 하고, 자리에 앉아 있는 수많은 학생들은 화답을 하며 농성의 열기를 계속해서 더하여 갔다.

불의에 대한 엄청난 격분과 의기에 불타는 젊은 호랑이들이었으나 어떠한 폭력과 파괴도 없는 평화적인 시위는 마치 40~50년 이후의 세대가 보여주던 촛불시위 같은 모습이었다.

지나가던 시민 대다수가 걸음을 멈추고 드디어 일어선 대학생들의 결단에 감격하여 도와주고 응원해주며 박수를 더해 주었다.

■ 국회 앞에서 연좌농성 중인 고대생들

오후 4시

정부의 압력을 받은 고려대학교 총장 유진오가 국회의사당에 도착하였다. 목적은 해산의 종용이었다. 하지만 학생들은 안암동 로터리에서 연행된 동료 학생들의 석방과 마산사건의 엄벌을 요구하며 농성과 외침을 풀지 않았다.

비슷한 시각 예상하지 못한 대학생들의 시위에 박 마리아는 반공청년단에게 연락하여 "당신들은 3백만 단원을 가지고 있다면서 그까짓 학생 애들 데모 하나 처리하지 못하는가." 라고 몰아붙였다. 유명한 깡패이자 반공청년단의 동부특별단 부단장이었던 유지광, 그리고 반공청년단 종로구 단장이었던 임화수에게 간접적으로 단원동원을 지시한 것이다.

국회의사당에 모인 학생들의 머리 위에 폭력의 그림자를 드리운 '박 마리아'는 누구인가? 일제식민지하에서 교육 받은 극소수의 여성 지식인이자 당시의 대표적인 기독교인으로서 친일과 반민족 · 반민주의 길을 걸어간 여성이다. 또한 박 마리아는 부정선거로 부통령에 당선된 이기붕의 처이자, 자신의 장남을 이승만의 양자로 만든 권력욕 넘치는 여성이었다. 그리고 이승만에게 가장 강력한 영향력을 가진 프란체스카의 거의 유일한 말벗이었으며 대한민국 이화여자대학교의 부총장이자 동시에 막강한 힘을 자랑했던 대한 부인회의 회장이기도 하였다. 박 마리아가 어떠한 생각을 가진 사람이었는지는 마산의 충격이 전국을 강타했던 때, 이화여자대학교 학보에 올라온 그녀의 글에서 엿볼 수 있다. 그녀가 쓴 글의 일부는 다음과 같다.

학생과 종교
지금 이 글을 쓰며 마산 소요사건 재연의 비보를 들었다.
특히 군중의 앞장을 서서 외치고 떠들던 주동자들이 학생이었다는 말을 들었다. 슬프고 마음 아픈 일이다. 신의 섭리에 순종할 줄 알고, 신을 두려워할 줄 알아야 하는 국민이라야 위대한 국가를 건설할 수 있다는 것은 역사가 웅변적으로 증명하고 있다. 어떻게 하면 신을 두려워하는 국민을 기르느냐 하는 대답은 종교 교육을 잘해야 된다는 결론에 도달하게 된다

일찍이 이승만의 치세를 하나님이 대한민국에 내린 은총이라고 주

장했던 그녀는 전국 고등학생들의 정의와 피로 불타오르던 외침을 신의 섭리를 모르고 종교교육이 되지 않아 발생한 어리석은 목소리로 치부해버렸다.

자신들의 권력을 위하여 장자를 이승만의 양자로 만드는 것에 성공했던 그녀는 불과 열흘 뒤 자신의 큰아들 손에 죽임을 당하게 될 것이라곤 상상조차 못한 채 깡패들을 동원시키고 있었다.

■ 이승만과 이기붕 내외
왼쪽으로부터 이승만의 양아들 이강석, 프란체스카 도너리, 이승만, 이기붕, 박마리아, 이강욱

오후 6시 00분

농성을 시작한 지 4시간 남짓 지났을 때 새로 임명되었던 신임 내무부장관 홍진기의 지시로 연행되었던 학생들이 석방되었다. 소식을 들은 학생들은 열기를 더해 구호를 외치며 만세를 외쳤다. 그 후 고려대 선배였던 민주당 이철승 의원의 설득에 힘입어 오후 6시 40분 학교를

향하여 열기를 더한 귀교길 행진을 시작한다.

■ 학생들의 석방소식에 만세를 부르는 고대생들

"민주역적 몰아내자."

"마산사건의 주모자를 처벌하라!"

"대통령 부통령의 재선거를 실시하라!"

경찰의 바리케이드 때문에 시위에 합류하지 못하고 곁에서 응원만 해주던 일반시민들과 중·고등학생, 그리고 신문사 차량 10여 대가 합류한 마치 개선장군 같은 귀교길이었다.

시위대의 수는 이미 수만 명을 훌쩍 넘어서고 있었다.

4월 18일, 어느덧 해는 기울어 사방에 어둠이 내려앉고 있었으나 시위대의 열기는 시간이 가면 갈수록 달아오르고 있었다.

■ 학교로 개선하는 고대생들
행진에 합류한 시민들로 인하여 행진의 줄은 끝이 보이지 않았다.

오후 8시 20분

태평로를 떠나 안암동 고려대학교까지 가는 수만 명의 가두시위 행진이 을지로를 지나 청계 4가를 통과하여 천일백화점 앞 로터리에 도달할 때 즈음이었다. 길게 늘어선 학생들과 일반 시민들의 행진 앞으로 무기를 든 200여 명의 거한들이 삽, 쇠파이프, 쇠갈고리, 쇠망치, 벽돌 따위를 휘두르며 쏟아져 달여 들어왔다.

자유당 아래에서 반공이라는 이름으로 무소불위의 권력을 부리던 공식적인 폭력집단, 유지광과 임화수가 지휘하는 폭력이 직업인 사람들로 구성된 반공청년단과 그 산하의 정치깡패조직이었다.

그 모습은 흡사 초식동물의 행렬에 뛰어든 굶주린 200마리의 맹수들 같았다. 학생들과 일반 시민들의 대열은 삽시간에 아수라장이 되었고 천일백화점 앞 종로 4가와 청계 4가 거리는 온통 아비규환이었다. 무자비한 폭력과 일방적인 구타가 이어지고 폭력 날것 그대로의 모습에 기자들도 겁에 질려 사진기 셔터조차 누르지 못했다. 부상을 입고 피를 흥건히 흘리며 길바닥에 쓰러진 학생 수십 명과 신문기자들로 인하여 천일백화점 앞 로터리일대는 순식간에 피바다로 변해버렸다.

기어이 학생들의 피를 흥건히 뿌리고 나서야 1960년 4월 18일은 날이 저물었다.

■ 천일백화점 앞 사거리

■ 정범태 기자가 폭력배들의 눈을 피해 어렵사리 찍은 사진. 신문에 올라온 김주열 군의 사진 한 장이 4·19 혁명의 도화선 역할을 했던 것처럼 4월 18일 고대생 피습현장을 찍은 이 유일한 한 장의 사진이 4월 19일 전 국민들을 거리로 나오게 하는 매개체가 되었다.

다음 날 동아일보 조간신문이 전국에 배포되어 소식은 번개처럼 퍼져나갔다. 독자의 이해를 돕기 위한 목적으로 당일의 동아일보 기사를 정리하여 적어본다. 난해한 글은 요즘의 말로 수정하였다.

대학생 '데모'도 전국에 파급

3월 15일, 정·부통령선거 이래 산발적으로 전개 되어오던 학생들의 데모는 4월 18일을 기해서 서울, 부산, 청주 등지를 위시하여 전국적으로 확대될 기세를 보이는 가운데 격화되었다. 학생들이 부르짖는 데모구호는 모두 '경찰의 학원 간섭 배격', '부정선거의 규탄', '마산사건의 공정한 처리 및 말살된 국민주권의 회복' 등으로 귀결되고 있어 좀 체로 수습할 수 없는 난제를 행정부와 여당에게 제시하고 있다. 더욱 18일 오후 1시를 기하여 고려 대학생 약 3천 명이 대학생으로서는 최초로 서울에서 데모를 감행하고 온종일 동안 장안을 긴장된 분위기 속으로 몰아넣었던 관계로 앞으로의 데모는 고등학교로부터 대학으로 비화되는 듯한 느낌을 던져주고 있을뿐더러 서울을 비롯하여 전국적으로 대학생들의 동요 여부가 비상한 관심을 집중케 한다. 이날 등교한 전 고대생 약 3천 명은 데모에 돌입하기 직전 12시 50분 교정에 집합하여 백악의 전당을 바라보면서

· 마산학생 석방을 요구한다.

· 학원의 자유보장을 요구한다.

· 기성세대를 불신하며 각성을 촉구한다.

건의안을 채택하고 이 건의사항을 관철시키기 위하여 최후의 일각까지 투쟁한다는 것을 엄숙히 결의하였다. 학생 시위대 중 2천여 명은 도중 경찰의 갖은 방해를 돌파하고 종로를 거쳐 2시 20분경 국회의사당에 도착하여 의사당 정문 앞에 앉아 농성에 들어갔다.

· 행정부는 대학의 자유를 보장하라.
· 행정부는 더 이상 민족의 체면을 망치지 말고 무능정치,부패정치, 야만정치, 독재정치, 몽둥이정치, 살인정치를 집어치우라.
· 행정부는 명실상부한 민주정치를 실천하라.
· 행정부는 이 이상 우리나라를 세계적 후진국가로 만들지 말라.

또한 학생들은 정부의 답변을 듣기 위해서 "행정부 책임자가 나올 때까지 계속 농성한다"는 결의안을 만장일치의 박수로 채택하였다.

4시 경찰백차의 안내를 받아 유진오 고대 총장과 십여 명의 교수들을 실은 고대전용 버스가 의사당 앞에 나타났다. 유진오 고대 총장은 경찰 백차에 장치된 마이크를 빌려 학생들을 향해서 연설을 시작하려 하였으나 학생들은 "경찰 마이크를 쓰지 말라!" 라고 외치며 듣기를 거부했다. 결국, 유 총장은 빌려온 다른 마이크를 통하여 "학생들이 사회적 부정에 이처럼 항거할 용기를 가졌다는 것을 나는 도리어 좋다고 생각한다. 그러나 수도 서울의 교통을 여러분은 몇 시간씩이나 이렇게 막고 있으니 사태가 계속되면 치안방해가 됨을 면치 못할 것이니 이성을 회복하라"고 거듭 해산을 호소하였으나 학생들은 경찰에 연행된 학생들을 이 자리에 데려와 보이라고 요구하면서 해산에 불응 농성을 계속했다, 그러자 고대 출신인 민주당 이철승 의원이(후일 박정희에 대항한 야당 대통령 후보 중 한 명으로 김영삼 김대중과 함께 야당후보 단일화를 이루게 되는 인물) 마이크 앞에 나타나 "고대학생의 흥분은 개인적 흥분이 아니고 민주주의와 역사를 위한 흥분이다. 하지만 독재자나 주권 침해자와 인류는 오천 년 동안에 걸쳐 투쟁을 계속해왔고 또한 내일도 그 투쟁을 계속하여야 되기 때문에 학생들은 유 총장의 말을 따라야 한다. 인촌 선생도 인생의 역사는 구원하다는 말씀으로 학생들이 도에 넘는 행동을 삼가도록 교훈하신 것을 고대학생들은 상기해야 된다."고 충고하고 부탁하여 농성데모를 하던 학생들은 6시 45분 농성을 중지하고 대한민국 만세와 고대 만세를 부른

다음 어깨동무와 팔짱 등으로 스크럼을 짜고 학교를 향해서 행진을 개시했다. 그러나 43명의 학생들은 8시 10분경까지 앉은 자세로 스크럼을 짜고 국회 앞에서 철야농성에 들어갈 기세를 보였으나 150명 정도의 경찰관들에 의해서 마침내 그들은 강제 해산되고 승용차에 분승되어 결국 귀가조치를 당하였다. 한편 학교로 되돌아가던 고대생 데모대들은 을지로 4가와 종로 4가 중간지점에서 약 200여 명으로 추산되는 깡패들의 습격을 받아 일대 혼란상을 빚어낸 바 있으나 8시 10분경에 무사히 학교에 도착하여 이날 데모의 종막을 고하였다. 부산 학생데모에 뒤이어 서울에서 18일 오후 3천여 명의 고려 대학생이 대규모 데모를 감행하게 되자 정부에서는 중앙청 회의실에서 임시 국무회의를 열고 혼란 상태에 대비키 위한 대책을 데모진압 및 사후 수습 등 2개 부분으로 나누어 협의하였다.

4월 11일 제2 마산사태에 이후 군과 경찰 그리고 검찰이 총동원된 '삼부합동 수사위원회'까지 구성하여 데모에 강경책을 써 나가기로 한 정부방침에도 불구하고 연속적인 데모가 거의 전국으로 파급하게 되자 정부는 혼란 상태를 근본적으로 수습하기 위하여 어떤 새로운 해결책을 강구하지 않으면 안 될 단계에 들어섰다고 당국자는 말하였다.

이날 오후 5시부터 4시간 동안 열렸던 국무회의를 마친 다음 당국자는 "우선 질서를 잡아놓은 다음에야 잘잘못을 따질 수 있지 않은가?" 라고 말함으로써 정부는 데모진압을 위하여 보다 더 강경책을 사용하게 될 것이라는 추측을 내리게 하였다. 국무회의 도중 내무부 장관은 경무대(청와대)를 방문하고 사태 진전에 관하여 보고했다고 알려졌으나 확인되지 않았으며 치안관계에 대한 책임을 지고 있는 내무부 장관과 데모 학생들의 행정적 책임을 가진 문교부 장관을 회견하려던 이날 중앙청 기자들의 계획은 실패로 돌아갔다. 국무회의가 끝난 다음 국방부 장관이 약 1시간여에 걸쳐 제6관구 사령관과 회합하였다고 하는데 이 회합에서 무엇이 논의되었는지는 전혀 밝혀지지 않고 있다. 자유당 수뇌간부들은 18일 오후 중앙당사에서 긴급회의를 열고 시내에서 발생한 고려대학교 3천여 학생 데모사건을 비롯한 부산, 청주 등지의 학생데모사건의 수습방안을 협의하였다. 그러나 이날 회의에서는 아무런 묘책도 강구하지 못한 채 국회 앞에서 농성하고 있는 고려대학교 학생들이 해산하였다는 보고를 접하게 된 뒤에야 회의를 끝마쳤다. 회의가 끝난 다음 자유당 고위간부들은 일체의 논평을 회피하였다.

한편 이철승 의원의 "내일을 기약하고 학교로 돌아가자"는 부탁으로 박수와 환호 속에 애국가와 교가를 부르며 학교로 돌아가던 학생들은 시청 앞부터 3만여 명에 시민들까지 완전히 합류하여 행진하던 중 천일백화점 부근에 어둠 속의 양편 길가에서 돌연 200여 명의 깡패들이 손에 벽돌과 부삽 망치 몽둥이 갈고리 등을 들고 뛰쳐나와 선두 학생들을 마구 후려갈겨 머리에서 피가 솟아나는 10여 명의 학생들은 현장에서 쓰러지고 일부 기자마저 폭행당해 수라장을 만들었다.

질서와 평화적이던 데모는 드디어 유혈의 참극을 빚어내어 "경찰사수를 받은 깡패여 나오라!"고 고함치는 학생들은 차츰 폭력적 반격태세를 갖추기도 하였으나 수라장을 수습하고 학교로의 행진을 계속하였다. 데모대는 도중 안암동 파출소 앞에서 "저 안에 깡패가 있다." "경찰이 학생을 때렸다"고 고함치며 파출소 주변을 둘러쌌으나 지도자격인 학생 수 명이 "우리가 폭행을 해서는 안 된다!"고 소리치면서 다시 고려대 쪽으로 향하였다.

한편 깡패들에게 폭행을 당한 고려대학교 학생 한상철 군은 실신된 채 깡패들에게 끌려가 죽었다는 말이 있는데 생사가 아직까지 확인되지 않고 있다. 또한, 이날의 유혈사태를 일으킨 200여 명의 깡패들은 단 한 명도 검거되지 않았다.

신문은 거의 고려대학교 학생을 피습했던 사진과 무자비한 구타의 소식으로 가득 채워져 있었고 19일 아침 일찍 조간신문을 통해서 세상에 알려지게 되었다. 한 가지 집고 넘어가야 할 사실은 당시 동아일보에 올라온 고려대학교 학생 '한상렬 군 사망 의심'이라는 기사는 분명한 오보였다. 그럼에도 불구하고 대한민국 현대사 백과사전의 '4월 18일 고려 대학생 피습사건'에 대한 기술에는 오늘날까지도 여전히 그가 당시 피습에 의하여 사망한 것으로 명시되어있다. 멀쩡히 살아있던 사람을 사망자로서 후세에 전달하고 있는 것이 우리의 현실인 것이다.

4 · 19 혁명에 대한 많은 자료가 훗날 5 · 16쿠데타 이후 계속되어진 군사 독재정권에 의하여 사라지게 되어버린 이유이기도 하겠지만 자신들의 부정을 감추고 싶어 하는 세력에 의하여 오랜 세월 동안 푸대접을 받아온 현대사이기에 안타까운 마음이 드는 것은 어쩔 수 없다. 이 글을 빌어 4월 18일 고대학생운동에 대한 백과사전의 글이 바로 잡히길 바란다.

이런 연유로 인하여 19일 오전 대학생들의 본격적인 데모와, 피습사건 소식을 접하게 된 많은 학생들과 시민들이 분개를 참지 못하고 약속이나 한 듯 떨쳐 일어나 거리로 쏟아져 나오게 된 것이었다. 그동안 비겁하다 욕을 먹어도 선민의식에 휩싸여 좀처럼 시위에 나서지 않던 서울 안의 대학생들 역시 약속이나 한 듯 경쟁적으로 거리로 달려 나왔다. 그리고 이번엔 그동안 시위의 주체가 되었던 전국의 고교생은 물론이요 어린 여중생과 울분에 찬 일반시민들까지 시위대에 합류하였다.

고려대학생의 행동하는 양심과 용기에 자극받은 연대생들 또한 다음날인 4월 19일 오전부터 수많은 학생들이 모여 '혈관에 맥동치는 정의의 양식'을 외치며 선언문을 발표하고 거리로 나섰다.

4 · 19 연세대학교 선언문

발작적 방종이 아닌 민주주의라는 것, 그것은 각인의 의사를 자유로이 표시할 수 있을 뿐 아니라 집회, 언론, 결사의 자유가 엄연히 보장되어야 함은 물론 국민에 의해서 선출된 정부와 입법부는 국민의 의사를 존중하며 전 국민을 위한 정부가 되어야 하는 것이다. 우리와 자손의 건전한 번영과 행복을 위하여 우리는 선두에 나서지 않으면 안 되는 것이며, 보다 나은 앞날의 발전을 위하여 헌법 전문에 기록된 바 사회적 폐습을 타파하고 진정한 민주주의 대한민국을 건설해야 하는 것이다. 몽매와 무지와 편협 그리고 집권과 데모의 제지, 학생살해, 재집권을 위한 독단적인 개헌과 부정선거 등은 이 나라를 말살하는 행위인 것이며, 악의 오염을 더욱 증가시키는 것 이외에는 그 무엇이 되겠는가? 나라를 바로잡고자 혈관에 맥동치는 정의의 양식, 불사조의 진리를 견지하려는 하염없는 마음에서 우리는 마음의 몇 사항을 엄숙히 결의하는바 이다.

부정 공개투표의 창안집단을 법으로 처벌하라!
권력에 아부하는 간신배를 축출하라!
국민의 자유로운 의사표시를 허용하라!
경찰은 국민의 권리와 자유를 침해하지 말라!
정부는 마산사건의 전 책임을 지라!

고려대와 연세대의 선언에 이어 결국 대한민국의 최고지성의 집합소라는 서울대학교 학생들까지 4 · 19 선언문을 발표하며 거리로 나서게 된다. 당시 대한민국 최고의 상아탑들이 의견을 일치하여 시위는 정의로운 행동이라 판단해 준 것이었다.

4 · 19 제 1선언문 서울대학교 학생회

상아의 진리 탑을 박차고 거리에 나선 우리는 질풍과 같은 역사의 조류에 자신을 참여시킴으로써 이성과 진리 그리고 자유의 대학 정신을 현실의 참담한 박토에 뿌리려 하는 바이다.

오늘의 우리는 자신들의 지성과 양심의 엄숙한 명령으로 하여 사악과 잔학의 현상을 규탄, 광정하려는 주체적 판단과 사명감의 발로임을 떳떳이 선명하는 바이다.

우리의 지성은 암담한 이 거리의 현상이 민주와 자유를 위장한 전제주의의 표독한 전횡에 기인한 것임을 단정한다.

무릇 모든 민주주의의 정치사는 자유의 투쟁사다. 그것은 또한 여하한 형태의 전제도 민중 앞에 군림하는 '종이로 만든 호랑이'같이 헤설픈 것임을 교시한다. 한국의 일천한 대학사가 적색전제에의 과감한 투쟁의 거획을 장하고 있는 데 크나큰 자부를 느끼는 것과 꼭 같은 논리의 연역에서 민족주의를 위장한 백색전제에의 항의를 가장 높은 영광으로 우리는 자부한다.

근대적 민주주의의 근간은 자유다. 우리에게서 자유는 상실되어가고 있다는 것을 아니 송두리째 박탈되고 있다는 것을 우리는 이성의 해안으로 직시한다.

이제 막 전장엔 불이 붙기 시작했다. 정당이 가져야 할 권리를 탈환하기위한 자유의 투쟁은 요원의 불길처럼 번져가고 있다. 자유의 전역은 바야흐로 풍성해가고 있는 것이다. 민주주의와 민중의 공복이며 중립적인 권력체인 관료와 경찰은 민주를 위장한 가부장적 전제권력의 하수인으로 발 벗었다. 민주주의의 이면의 최저의 공리인 선거권마저 권력의 마수 앞에 농단 되었다. 언론 · 출판 · 집회 · 결사 및 사상의 자유의 불빛은 무식한 전제권력의 악랄한 발악으로 하여 깜박이던 빛조차 사라졌다. 긴 칠흑과 같은 밤의 지속이다.

나이 어린 학생 김주열의 참시를 보라!

그것은 가식 없는 전제주의 전횡의 발가벗은 나성밖에 아무것도 아니다.

저들을 보라!

비굴하게도 위하와 폭력으로 우리들을 대하려 한다.

우리는 백번 양보하고라도 인간적으로 부르짖어야 할 같은 학구의 양심을 강렬히 느낀다.

보라! 우리는 기쁨에 넘쳐 자유의 횃불을 올린다.

보라! 우리는 캄캄한 밤의 침묵에 자유의 종을 난타하는 타수의 일익임을 자랑한다.

일제의 철퇴 아래 미칠 듯 자유를 환호한 나의 아버지, 나의 형들과 같이…….

양심은 부끄럽지 않다.

외롭지도 않다.

영원한 민주주의의 사수파는 영광스럽기만 하다.

보라! 현실의 뒷골목에서 용기없는 자학을 되씹는 자까지 우리의 대열을 따른다.

나가자!

자유의 비밀은 용기일 뿐이다.

우리의 대열은 이성과 양심과 평화, 그리고 자유에의 열렬한 사랑의 대열이다. 모든 법은 우리를 보장한다.

1960년 4월 19일 선언문을 공표한 서울대 학생들 역시 이렇게 세종로 국회의사당 앞으로 뛰쳐나갔다. 고려대학교, 연세대학교, 서울대학교뿐만 아닌 건국대학교, 경기대학교, 경희대학교, 동국대학교, 서울사범대학교, 성균관대학교, 이화여자대학교, 중앙대학교, 홍익대학교 등 서울에 있는 모든 명문대학의 학생들이 이처럼 성명서를 발표하며 약속한 듯 광장으로 나와 민족을 위한 상아탑의 목소리를 직접 전달하기 시작한 것이었다.

4월 19일 화요일

피의 화요일

그동안 미온적이던 서울의 대학생들이 일제히 궐기하였다.

아니 서울의 모든 학생들이 거리로 쏟아져 나왔다고 하는 것이 올바른 표현 같았다. 그리고 비단 서울뿐만이 아닌 전국 대부분의 중학교 고등학교, 대학교, 학생들 역시 곳곳에서 부정선거 규탄을 위해 거리로 나왔다. 태평로 국회의사당 앞 세종로 거리로 쏟아지듯 나와 운집해 있던 의기에 찬 학생들과 서울 시내 전역의 시위군중 수는 이미 20만 명을 훌쩍 넘어서고 있었다.

"이놈 저놈 다 글렀다. 국민은 통곡한다."

"빼앗긴 민권을 도로 찾자."

"썩은 정치 수술하자."

"부정선거 다시 하라!"

국회의사당, 중앙청, 경무대(지금의 청와대), 이기붕의 집, 동대문, 종로, 혜화동 등 서울을 비롯한 전국 방방곡곡에서 자유와 민주주의를 외치는 함성이 울려 퍼졌다. 당시 서울시의 전체인구는 244만 명이었다.

대한민국 헌법의 4차 개정 이후부터 지금까지 줄곧 대한민국 헌법 전문에 명시되어있는 우리의 민주주의에 있어 가장 중요했던 역사적인 날.

고등학생부터 순차적으로 확산되어 민중의 힘으로 독재자를 물리치고 국민들의 마음속에 주권과 민주주의의 씨앗을 뿌린, 세계 현대사 어디에서도 찾아볼 수 없는 형태의 혁명이자 자랑스러운 우리의 역사.

전 세계의 수많은 국가의 세계사와 정치교과서에 위대한 민중의 용기로 기억되어 교육되고 있는 4 · 19 혁명.

당시 언론에 의하여 명명된 '피의 화요일' 당일이었다.

■ 서로 팔짱을 하고 시위행진을 하는 수많은 중학교 고등학교 학생들 간간히 일반 시민과 앳된 초등학생까지 보인다.

오전 8시

고대생 피습에 격분한 대광고교 학생 200여 명이 이른 아침부터 경찰의 추격을 받으면서도 달리기를 멈추지 않고 성난 야수들처럼 세종로를 향해 달려 나아갔다.

동성고 학생들과 성명을 내고 나온 서울 대학생들중 (당시 서울대학교의 위치는 혜화동이었다.) 문리대학생 100여 명이 경찰의 곤봉세례를 받으며 이화동을 거쳐 종로로 내달리는 사이 나머지 법대, 상대, 의대생들은 경찰들을 피해 어느덧 2,000여 명으로 불어난 시위대와 합류하였다. 정의를 외치기로 결심한 대학생들의 전술은 이미 경찰들의 수준보다 우위에 있었다.

세종로 국회의사당 방향으로 가는 2000여명의 시위 행렬은, 종로 2가에서 최루탄을 앞세운 경찰의 저지선을 넘은 지 오래였고 시민들의 박수를 받으며 10여 년 동안 억압당했던 한 맺힌 서울의 거리를 거침없이 달려 나가기 시작하였다.

■ 서울대학교 시위대의 행진

오전 10시

국회의사당 앞은 시위군중들로 인산인해를 이루고 있었다.

고려대와 경희대, 성균관대, 건국대 학생들은 을지로 방향의 경찰을 뚫고 이미 도달해 있었고 중앙대와 서울사대 학생들은 용산 방향에서 경찰을 피해 합류하였다. 서대문 방향의 저지를 넘어선 경기대, 연세대, 이화여대, 홍익대 학생들 또한 군중과 함께 하였다. 여기에 더하여 경무대(청와대) 앞에서 집결해 이승만 대통령과 면담을 요구하는 동국대 학생들과 그들을 따르던 수많은 고등학생들을 합하면 군중의 수는 어느새 25만 명이 넘는 규모로 불어나 있었다.

■ 연세대학교 의대생들의 행진
의대생들은 시위 도중 다친 부상자들의 치료를 전담했다.

■ 수도관을 굴려가며 경무대를 향하고 있는 동국대 학생들과 시민들

오후 1시 40분

경무대 앞에서 경찰과 대치 전을 벌이고 있었던 시위군중이 기하급수적으로 불어나는 시민들로 인하여 어쩔 수 없이 경찰과의 간격을 좁혀갔다. 대치의 간격이 코앞까지 좁혀지던 순간 천둥소리와 뿌연 연기, 화약 냄새가 경무대 앞을 가득 메웠다.

탕, 탕, 탕, 탕, 탕, 두 두 두 두 두 두 두 두 두…

경찰이 시위대를 향하여 또다시 무차별 총격을 시작한 것이다.

대학생이든 고등학생이든 심지어 초등학생 꼬마들도 구별이 없었다. 무차별 사격이었다. 경무대 앞은 시가전을 치르는 전쟁터 같은 장소로 돌변했다.

국민을 보호해야 할 경찰들이 보여주는 무차별적인 사격과 일방적인 폭력 앞에 경무대 가장 가까이에 있던 200여 명의 사람이 피를 뿜으며 쓰러졌다.

같은 시각 서대문에서도 수십 발의 총성이 울려 퍼지기 시작했다. 일명 서대문 경무대라 불리던 이기붕의 집을 지켜주고 있던 경찰들의 발포 소리였다.

■ 경찰과 대치중인 시위대

■ 시위대를 향해 조준 사격하는 경찰

Outside the city hall I saw students beating two policemen to death with lead pipes. Later I was told that the two policemen had shot an old woman dead because she stood outside their police box calling them rude names.

Taking the dead policemen's carbines and revolvers, the students led a march on the Korean counter intelligence corps building. Trying to set the place afire, they lit torches, then rushed toward the doorway. All were shot down by the building's defenders. One student died on the threshold making a final effort to toss a torch into the lobby.

Two blocks away a commandeered fire truck with students hanging all over it screamed across an intersection and collided with a streetcar. Students tumbled off like bees out of a shaken hive but nobody seemed hurt. Farther east, masses of students were trying to capture the home ministry building. Police fired repeatedly into the students, but still more rushed from the rear to take the places of the fallen.

•

At city hall armored cars and khaki-clad men holding rifles crept round the corner and halted. The crowds, taking the newcomers for Korean army soldiers, immediately began applauding and cheering. They were soon disillusioned. These were riot police and they opened fire on the helpless crowds. A 12-year-old boy seated on the ground stopped clapping and rolled over in a growing puddle of his own blood.

All day long the rioting continued, and night came to a city still dully echoing with rifle fire. A specially imposed curfew cleared the streets after 7 p.m. Anyone out after then was liable to be shot. All the street lights had gone out, and when Bertram Jones of the London *Daily Express* and I walked up that pitch-black main thoroughfare to the telegraph office, the ominous click of drawn rifle bolts froze us. Just then the headlights of a speeding police Jeep lit up the roadway, and us in the middle of it. Luckily we were recognized as foreigners. A few hours later, on the identical spot, the police shot a 13-year-old schoolboy for behaving suspiciously: when he heard the rifle bolts he ran.

■ 경찰의 총탄에 맞아 피 흘리는 이영민군의 사진이 1960년 5월 LIFE지에 실린 모습

오후 2시

불과 20분 전까지만 하더라도 경무대 앞 세종로 사거리와 서대문 이기붕 자택 앞은 시위대가 완전히 지배하고 있었다.

허나 반 시간도 지나지 못해 언제나 그래왔듯이 자유당과 국가권력에 의해 전쟁터로 변해 버렸다.

총탄과 경찰봉에 상처 입은 부상자와 피 흘리고 있는 시체들, 그리고 부상자를 실은 구급차들의 사이렌 소리와 어린 학생들의 비명, 여기에 더해지는 시위대의 신음소리와 사방에 가득한 뜨거운 피의 비린내는 전쟁터를 방불케 하는 지옥도였다.

경찰은 시위대에게 경고 사격 없이 살상을 목적으로 한 발포를 시작한 후 부상과 죽음과 공포로 무너진 시위대를 향해 각개전투를 시작하였다. 발포 후 흩어지는 시위대를 일일이 쫓아다니며 한 명 한 명을 확인 사살하듯 경찰봉으로 머리를 깨고 본능적으로 방어하는 학생들의 팔과 다리를 부러뜨렸다.

경무대 앞에서만 20분도 되지 않은 시간에 21명이 죽고 150명 이상 부상당하였다. 150명 이상의 부상자 중 상당수는 평생토록 장애를 안고 살아가야 하는 중상이었다.

그리고 사망자와 부상자 중엔 시위대가 아닌 단순 행인도 있었으며 심지어 초등학교에 다니는 어린이(수송초등학교 전한 승군)도 있었다.

■ 장갑차 위에서 사격을 준비하는 경찰들

■ 경찰의 발포에 몸을 숙여 도망치는 시위대들

■ 흩어지는 시위대에 일방적인 폭력을 행사하고 있는 경찰

이날의 참상을 알리는 여러 자료들 중 이승만이 기르던 발발이 강아지에 대한 기자의 증언은 인상적이다. 당시의 경찰들이 갖고 있는 국민에 향한 기본적인 생각과 가치관을 엿볼 수 있게 하는 단편적인 증거이기 때문이다.

마치 시가전을 치르고 난 전쟁터 같았다. 학생들의 시체가 여기저기 쓰러져 있고 겨우 숨이 붙어있는 부상당한 학생들은 비명을 지르며 몸을 꿈틀대고 있었다. 그런데 부상당한 학생 한 명이 쓰러져있는 바로 근처에 5명의 경찰관이 부상자 쪽은 본체만체하고 조그만 발발이 개 한 마리의 목에 감겨있는 끈을 열심히 풀고 있었다.

시민과 학생들이 죽어가는 혼란한 와중에서도 경찰이 다급하게 발발이 개에게 매달려 있었던 이유는 이 발발이가 이승만 대통령이 키우는 소중한 개였기 때문이었다.

■ 이승만과 대통령이 키우던 소중한 강아지

그러나 경찰의 총탄과 폭력에 굴할 수밖에 없을 것이라 여겼던 시위군중은 이승만과 자유당 그리고 발포를 명령하고 폭력을 행사했던 경찰들의 예상과는 반대로 오히려 30만 명 가까이 불어나 있었으며 그 대다수가 피를 본 성난 군중으로 기꺼이 변모해주었다. 성난 시위군중들은 학생과 시민이 모두 합세하여 그늘의 피를 무기로 백차(당시의 경찰차)와 소방차를 탈취하여 차량시위를 벌였다. 또한, 서울대와 연세대를 중심으로 한 각 대학의 의과대학생들은 시위대의 후방에서 끊임없이 부상자를 치료해주고 있었다.

일사불란한 지휘체제와 합리적 분업체제를 가진 훈련된 조직 같은 모습이었다. 군중의 분노는 서울 곳곳에 있는 파출소를 방화하고 탈취한 무기로 경찰의 발포에 응사함으로써 총격전을 연출하기도 하였으며 문교부, 중앙청 등의 행정관청들과 부정의 원흉인 자유 당사를 파손하는 데까지 이르고 있었다.

부정선거 규탄과 민주주의 수호로 시작된 시위대의 외침은 "이승만 독재정권과 자유당은 물러가라!"로 바뀌어 있었다.

4월 19일 오후 2시를 기점으로 부정선거를 규탄하는 시위가 이승만 대통령의 하야와 정권의 퇴진을 요구하는 혁명투쟁으로 변화된 것이다.

■ 경찰의 바리게이트를 해체하는 시위대

오후 3시

그동안 자유당과 이승만의 기관지이자 나팔로 악명 높았던 서울신문 사옥이 불타올랐다. 그리고 빨갱이타도라는 미명하에 무자비한 폭력과 권력을 휘두르던 정치깡패의 소굴이자 일반 국민에게는 공포의 대상이던 반공연맹의 건물 또한 불타올랐다.

서울 곳곳에서 그동안 국민들을 탄압하던 여러 장소가 한 맺혀 있던 국민들의 분노에 찬 혁명의 목소리를 휘발삼아 불타오르며 사태는 걷잡을 수 없이 악화되어만 갔다.

■ 시위대에 의해 파손된 자유당사

서울과 지방도시 전역에서 정권타도 혁명투쟁의 구호를 외치며 시위가 극단으로 치닫던 시각 더 이상 손쓸 방법이 없던 이승만은 치안이라는 미명하에 서울에 계엄령을 선포하였다.

계엄령은 국가 비상시 국가 안녕과 공공질서 유지를 목적으로 법률이 정하는 바에 따라 헌법 일부의 효력을 일시 중지하고 군사권을 발동하여 치안을 유지할 수 있는 국가긴급권의 하나로 대통령의 고유 권한을 말한다.

해방 후, 빨갱이 소탕을 명분으로 한 제주 4 · 3사건과 6 · 25 전쟁이 한창이던 1952년 계엄령 이후 8년만이다. 법적 효력을 충족하지 못하였음에도 이승만은 자신의 보루로서 또다시 계엄령 선포를 강행해 버린 것이었다.

계엄군의 탱크와 장갑차가 도시로 들어와 바리케이드를 설치하였다. 즉각적으로 전국엔 휴교령이 하달되었고 모든 신문사의 신문보도에 대한 검열이 시작되었다. 당시 계엄 사령관은 '송요찬'이었다.

■ 서울로 입성한 계엄군

■ 바리게이트를 설치하는 계엄군

■ 계엄군의 위압감

송요찬은 우리나라 육군 보병학교의 1대 교장으로 6 · 25 사변 시 낙동강 전투에서 무려 7차례에 걸친 북한군의 전면공세를 격파해 전세를 역전시키는데 결정적인 역할을 했을 뿐 아니라, 전쟁 전반에서 16여 회의 혁혁한 전공을 세워 당시 미국군에게 '타이거 송'이라 불리었던 인물로서 전쟁 발발 20일 만에 장군으로 초고속 진급한 뒤 2회에 걸친 태극무공훈장과 대한민국 최초의 미국 십자훈장을 수상하는 등 수많은 훈장과 포상을 수여받은 인물이다. 그가 어떤 성격의 군인이었는지를 보여주는 일화로 1952년 미국 대통령 당선자 아이젠하워가 전선의 송요찬 부대를 방문하였을 때 송요찬 장군이 미국 대통령을 대상으로 한 보고가 있다.

당시의 시대 상황을 보면 군인으로서 미국 장성과의 친분은 자신의 영달과 승진을 위한 교두보 같은 것이었다. 하물며 일개 장성이 아닌 2차 세계대전의 영웅이자 새로 막 선출된 미국 대통령에게 직접 보고를 하게 된다는 것은 대단히 조심스럽고 자신의 미래를 위한다면 너무도 큰 준비를 요구했던 기회라 생각해 볼 수 있다. 하지만 그의 대통령을 향한 보고는 단 세 마디였다.

"Enemy is there. We are here. We are ready to attack."

상세한 브리핑을 기대했던 아이젠하워는 일순 말문이 막혔다고 한다. 그러나 잠시 후 아이젠하워는 "내가 받은 브리핑 가운데 가장 훌륭한 브리핑"이라고 격찬하였다.

하지만 6 · 25를 통해 영광의 길을 내달렸던 그가 아닌 1950년 이전의 송요찬이란 인물의 삶은 어떠하였는가. 그는 현재를 살아가는 우리가 말하는 소위 친일파출신의 군인이다. 강제징용이 아닌 자의에 의해서 일본의 군사학교를 나온 일본군 군인 출신이었다. 1948년부터 6년이 넘는 기간 동안 자행된 4 · 3 제주 양민 학살 사건 때 소령으로서 계엄군 지휘관이 된 후 제주 전역 초토화 작전을 펼친 대량학살의 주범이기도 하다.

대량 학살이라고 단정 지은 것은 문명국가라면 계엄법에 80대 노인에서부터 젖먹이에 이르기까지 비무장 민간인을 무차별 총살하라는 조항이 있을 리 없기 때문이고 국민을 지켜야하는 일반 군인들에겐 일반인 학살의 경험이 있을 리 만무하기 때문이다.

말도 안 되는 학살이 '빨갱이 소탕'이라는 미명하에 가능했던 이유를 유추해 보자면 당시의 제주 사건 때 나선 작전 지휘관의 70% 이상이 일본군이나 만주군 출신이었고 대한민국 군인들 중 일제 때 일본군이나 만주군으로 복무했던 군인들만이 민간인에 대한 대량학살의 경험을 가지고 있었기 때문은 아닐까 하는 생각을 해본다. 이 추론을 증명하듯 송요찬이 계엄 지휘관으로 있던 약 4개월 동안 (1948년 11월부터 1949년 2월까지) 벌어진 강경진압작전 때문에 제주도의 중 산간 마을은 거의 불에 타 사라지게 된다.

이 4개월 동안 제주도는 그야말로 초토화가 되었다. 특히 11월 중순 이전에는 주로 젊은 남성들이 희생된 데 반해 그가 계엄군 지휘관으로 재임한 이후 발생한 강경진압작전 때에는 토벌대가 남녀노소 가리지 않고 주민들을 총살하였고 제주 4 · 3 사건 희생자 대부분은 이때 희생되었다.

4 · 3 위원회에 신고 된 희생자 통계를 보더라도 15세 이하 전체 어린이 희생자 중 이 시기의 희생자가 전체의 76.5%를 차지하였고 61세 이상의 전체 노인 희생자 가운데 이 기간에만 76.6%가 희생됐다. 하지만 그는 호국의 인물로도 선정된 바 있는 대한민국의 국방영웅이었다.

■ 송요찬 당시 계엄 사령관

계엄사령관이었던 송요찬의 4월 19일 계엄 사령관으로서의 행동은 이승만의 예상과는 조금 다른 모습이었다. 그에게 잠시나마 조명을 비추었던 이유는 그가 계엄사령관으로서 4 · 19 혁명 때 보여준 행동들 때문이다.

시위 군중을 토벌하러 나선 그가 학생시위대를 만나 발포를 하려는 순간 동료였던 최경록 장군의 간곡한 만류를 받아들여 모든 계엄군에게 발포중지명령을 내려준 것과, 이후 계엄이 국회에 의하여 해제되기까지 그가 사령관으로서 엄정중립의 모습을 지켜줌으로 인하여 대한민국의 민주주의 역사가 한발 앞으로 걸음을 내딛을 수 있었던 것이 그 이후이다.

성난 군중 시위대에 고전을 면치 못하던 경찰들은 계엄군에게 제일 먼저 성난 시위 군중을 향해 사용할 총탄지급을 요구하였다. 최경록 장군의 간곡한 설득을 듣고 난 후 이미 이 거대한 성난 군중의 물결이 어쩔 수 없는 시대의 흐름이라고 판단한 송요찬은 경찰들에게 당시 군에서만 사용하던 군용실탄을 지급해버렸다. 당시 칼빈 총을 사용하던 경찰은 갈망하던 총탄을 얻게 되었으나 지급받은 총알을 단 한발도 사용할 수가 없게 되었던 것이다. 그리고 이미 대세가 기울어졌다고 판단한 그는 신문사 검열에 있어서도 형식적이었을 뿐 거의 대부분의 기사가 세상으로 보도되도록 조치하였다.

군중들에게도 '평화적인 데모는 보장하겠다.' 라고 발표하여 실질적으로는 군중들의 시위를 일정 부분 보장해 주었던 것이다.

후일 계엄군의 탱크 위에서 20~30명의 시위 군중들이 만세를 부르며 탱크 시위를 하는 사진들을 심심치 않게 볼 수 있게 되는 이유가 여기에 있는 것이다.

■ 많은 시민이 탱크 위에 올라가 목소리를 높이며 마치 축제 같은 혁명 시위를 하고 있다.

이승만은 4 · 3 제주사건과 여수 순천 항명사건(혹은 반란사건), 그리고 6 · 25사변 중 자신의 2대 대통령 당선을 위하여 발동시킨 이후 또 한 번의 계엄령을 발동시켰으나 4월 19일의 계엄군은 자신의 생각과는 다르게 과거처럼 국민을 억압하고 학살하는 데 동조해주지 않았다. 오히려 일면 경찰의 폭력으로부터 군중을 보호해주기까지 하였다. 계엄령은 오후 5시를 기점으로 전국으로 확대발령 되었고 오후 7시부터 새벽 5시까지 전국엔 통행금지명령이 하달되었다.

대한민국 민주주의의 가장 중요한 사건이자 건국 이후 최초의 민중에 의한 대통령 퇴진명령.

언론에 의해 일명 '피의 화요일'이라 불리게 되는 1960년 4월 19일이 아직 남은 불씨와 분노를 가슴에 앉은 채 저물게 되었다.

후일 계엄사령부의 발표에 따르면 이날 하루 동안의 사망자 수는 초등학생과 여중생 포함 111명, 경찰 4명 부상자 수는 558명, 경찰 169명이었다. 허나 조금 더 신빙성이 있는 여러 다른 통계자료를 분석해보면 4월 19일 하루 동안의 사망자 수는 150명 이상이며 부상자 수는 무려 6000여 명에 달한다.

독자들에게 조금 더 생생한 현장감을 제공하기 위하여 다시 한 번 당시의 신문 기사를 명시하는 것으로 4월 19일의 기록을 마무리하고자 한다.

"민주주의 바로잡고 공산주의 타도하자!" "마산학생 석방하라!"고 외치면서 중앙청과 광화문 그리고 세종로 의사당 주변으로 밀려드는 20만의 대학교, 고등학교 학생들과 이에 호응한 수십만 명의 시민들로 일대의 시위는 19일 오후에 이르러 갈수록 군중이 모여들어 이날 오후 5시 시내의 심장부에 있는 서울신문사와 반공회관이 전소되고 시위대가 탈취한 10여 대의 소방차와 5~6 대의 군용, 경찰 지프차 그리고 수십 대의 택시는 박수와 환호성을 받으면서 시가를 질주하였고 경무대, 서대문, 남대문 쪽에서 발사된 총성에도 불구하고 시위대는 해산할 줄 몰랐다.

심지어 칼빈 소총과 도끼를 든 학생, 피가 묻은 태극기를 흔드는 학생, 총탄에 쓰러진 학생을 싣고 가는 의과대학 구급차 등 도시는 시위 군중으로 완전히 뒤덮이고 말았다. 그러나 그동안 병력 집결 중에 있는 무장경찰대는 이날 오후 5시경부터 경무대를 중심으로 하여 중앙청 앞으로 도달한 500여 명의 무장 경찰관과 함께 M1 소총, 권총과 심지어 장갑차의 엄호를 받으면서 일제사격으로 시위대를 추격하여 저녁 8시경 차츰 후퇴하던 학생들은 거리에서 자취를 감추고 말았다.

군중을 향한 실탄 발사에도 불구하고 약 200m 간격으로 경찰과 대치했던 시위대는 계속 증원되는 경찰병력의 사격으로 서대문과 을지로 방면으로 격퇴되어 갔으나 전열을 가다듬은 시위대로 인하여 동대문과 성북 서에선 사격전까지 벌어지는 시위가 계속되었다.

경무대는 계속해서 밀려든 서울 시내 각 대학 학생들을 중심으로 한 시위대원은 수백 내지 수천 명씩 삼엄한 무장경관의 총격 앞에도 교대로 물결치듯이 경무대 앞으로 밀려들었다. 공포탄으로 시작된 발포는 드디어 실탄으로 바뀌어 발사가 되었는데 시위하는 학생들은 전차와 소방차를 잡은 학생들이 직접 운전하여 경무대 앞 바리케이드를 부수고 어느 순간 5m 앞까지 들어갔으나 경찰의 총격으로 쫓겨났다. 이에 추가하여 경찰은 대 테러용 최루탄을 발사하였으나 시위군중은 눈물을 흘리면서도 물러가지 않았다.

시위 도중 총을 맞은 부상자는 시위군중이 병원으로 호송하고 있었는데 의대생들은 백색 가운을 입고 부상당한 시위 학생들을 치료하였다.

오후 5시경부터 증강된 무장경관은 장갑차를 몰고 시위 대원에게 총격을 가하면서 서서히 전진하였다. 하지만 시위군중과 때마침 하교하는 수많은 어린 남녀 학생 및 시민들은 공포감도 없이 경찰의 총격 앞에서 물러서지 않았다. 그러나 경찰이 본격적인 소탕을 시작하고 마치 시가전을 벌이듯 중앙청 앞까지 전진하자 수많은 사상자가 거리에 쓰러졌는데 군중은 천천히 세종로를 물러나거나 종로 방향으로 또는 남대문 방향으로 물러섰다.

한편 경무대 근처 민가의 담을 넘어 잠입을 시도하던 시위대원은 무장경관의 발포로 제지당하였다. 이들을 색출하기 위하여 무장 경찰은 부근의 민가를 샅샅이 뒤졌는데 수명의 시위대원은 개 끌리듯이 끌려가면서 마구 구타당하였다. 경무대 앞에서 총포 사격으로 피 흘리며 후퇴한 학생시위대들은 중앙청을 중심으로 다시 농성에 들어가고 일부 학생들은 계속해서 시위를 전개하기 시작하였다. 그러나 학생시위대를 향해 사정없이 실탄 사격을 감행한 무장경찰에 의하여 농성 중이던 학생들 중 현장에서 2명의 총탄에 맞아 즉사하였고 또 다른 수십 명의 학생들이 부상을 입어 일대는 유혈의 참상극이 벌어졌다. 이곳에서 발생한 경찰의 총격으로 수만 명의 중고등 학생들은 서대문 쪽으로 향하기도 하였다. 경찰은 서대문에 있는 이기붕 의장의 가택과 경무대를 중심으로 병력을 집결하였다.

하지만 다시 돌아온 시위대는 경찰의 산발적인 총격에도 후퇴할 줄을 몰랐다. 수십만의 시위군중의 주류는 이날 오후 경무대, 국회의사당 앞 그리고 세종로의 지역으로 크게 나누어 볼 수 있었는데 특히 세종로광장은 서대문, 안국동, 시청 쪽에서 일천여 명씩 대를 지어 오가는 학생들이 교차로 점을 이루어 쉴 새 없이 합류되는 수만 명의 학생들과 응원 군중들로 말미암아 완전 무법천지를 이루었다.

더욱 경찰의 발사로 학생시체가 의과대학 학생들에 의하여 병원으로 실려가는 광경을 목격하게 된 학생들은 차츰 흥분과 분노의 도가니로 들어서서 서울신문사에 침입한 시위대들이 그곳에 불을 지르는가 하면 중부 소방서 앞 소방차와 중앙청 근방에 있던 소방차 등이 모조리 탈취되어 이에 올라탄 시위대원들은 피 묻은 태극기와 윗저고리를 흔들면서 만세를 불렀고 소방차의 사이렌 소리를 요란하게 울리면서 각기 사방으로 흩어져 시내각처로 질주하였다. 뿐만 아니라 경찰백차와 군 기관 지프차까지 빼앗아 오는 학생들을 보고 군중이 박수치는 가운데 시위대는 차를 달렸고 시발택시와 합승차도 눈에 띄었다.

수천 명씩 짝을 지은 학생시위대들은 이따금씩 중앙청 앞 시위대와 의사당 앞 시위대가 교대하기도 하면서 경찰병력을 혼란시키며 계속해서 몰아쳤다. 한편 국회의사당 앞에서는 약 일만 명의 고정 숫자의 학생들이 이곳을 시위대의 거점으로 구축하고 미대사관 쪽과 남대문 쪽 그리고 광화문 쪽에서 넘쳐 흘러오는 시위대의 중심세력을 이루었다.

한때 마이크를 단 민주당 쪽 지프차가 시위대를 만류하고자 시도하였으나 군중의 박수와 갈채를 받을 뿐 아무런 성과도 거두지 못하였다. 이날 시위 대학생 중에는 칼빈 총을 손에 들고 소방차 위에서 흔드는 이들도 있었으며 도끼를 든 학생들도 보였다.

한편 서대문에서는 이기붕 의장의 집을 향해 시위를 시작한 일만 명 이상의 학생들이 끊임없이 "이기붕 의장은 사과하라!"며 구호를 외쳤다. 선두에선 수천 시위학생들이 광화문 쪽으로 되돌아가면 다시 의사당 쪽에서 나타난 5~6천 명의 대학생들과 중고등학생들이 교대하듯 서대문으로 향하였다.

30여 명 가량의 무장경찰관은 이곳에서도 실탄사격으로 응수하여 밀고 밀리는 시위대원들은 이기붕 의장의 자택 바로 앞까지 육박하였다가 나중에는 외곽선의 시위를 계속하였다.

제 5 장

4·19 그 후

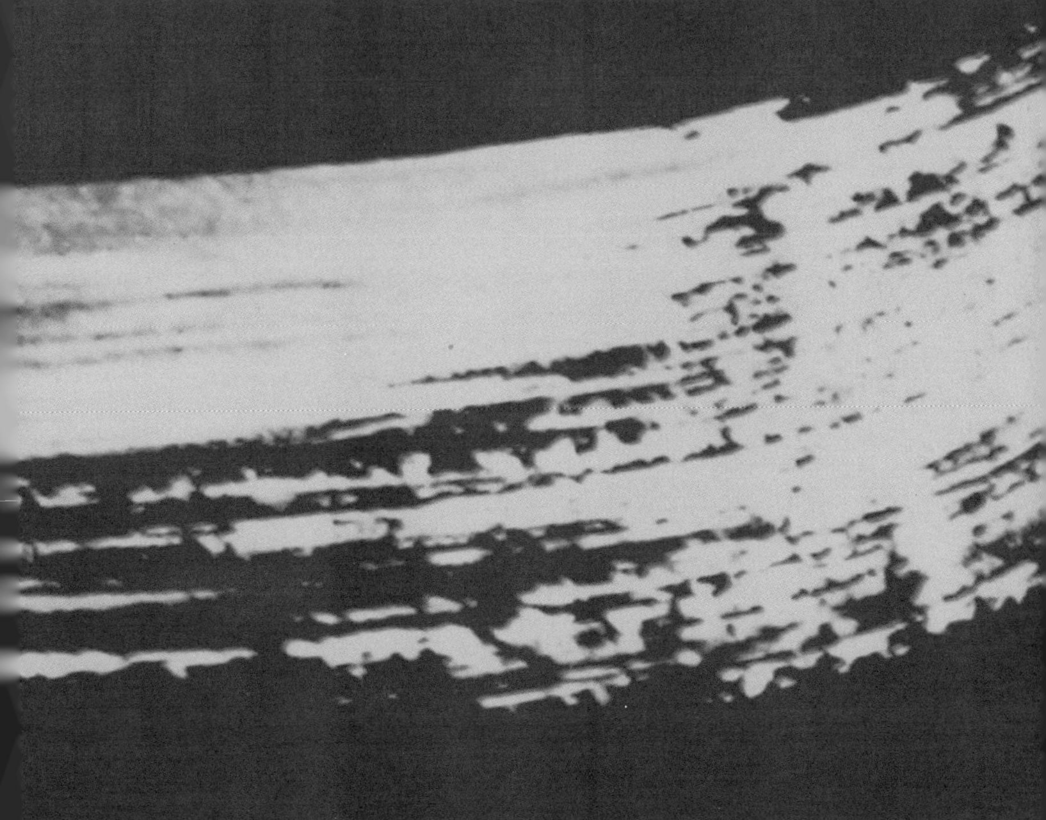

4월 20일 수요일

미국의 압박과 이승만 담화

어제의 시위에 대한 경찰들의 발포로 인해, 사망자와 부상자들이 수용되어 있던 병원 앞은 슬픔과 초조함에 쌓인 가족들이 인산인해를 이루고 있었다. 전날 아침까지만 해도 멀쩡하게 아침식사를 하고 나갔던 아들과 딸들이었기에 차갑게 식어버린 시신으로 만나게 되리라고는 어느 부모도 생각하지 못하고 있었던 것이다. 자식의 시신을 부둥켜안고 오열하는 부모들, 가슴에 총알이 관통해버린 아들을 찾아내곤 슬픔과 반가움이 뒤섞인 눈물을 지으며 자식의 소변을 받아내는 아버지, 모두 다시 있어서는 안 될 전날의 비극을 되씹게 하는 안타까운 모습뿐이었다.

계엄사령관은 21일부터 시신을 가족에게 인도하기로 발표하였다.

5만 환의 위자료와 함께 유해의 취급 및 호송에 만전을 다할 것과 말단의 행정기관도 이 일에 최대한 협력하라는 명령이었다.

오후 7시에는 통행금지령이 시작되었고 계엄령 하에 서울은 조용하였다. 파괴된 파출소들과 불타오른 건물의 잔해만이 어제의 기억을 보여주고 있을 뿐, 스피커를 통해 끊임없이 쏟아져 나오는 계엄사령부의 방송과 중무장을 한 군인들, 그리고 지축을 흔드는 탱크 소음 속에서 도심의 질서는 빠르게 유지되어갔다.

하지만 부산, 인천, 대구, 전주, 이리, 광주 등 전국 곳곳의 도시에서는 쉴 새 없이 시위와 행진이 계속되었고 군중들은 마산과는 비교도 할 수 없을 만큼의 학살을 자행한 경찰과 정부를 비판하며 목소리를 높였다.

그들의 목소리는 독재정권 퇴진과 이승만 대통령의 하야를 요구하는 외침으로 변해 있었다.

전국의 곳곳에서는 '희생된 사람들을 앉아서 보고 있을 수 없다.'며 부상당해 입원해 있는 학생들을 돕기 위한 모금운동도 활발하게 일어나, 자유당정부에 의해 폭도로 매도당했던 국민들의 높은 의식수준을 보여주기도 하였다.

그들을 바라보는 군인들은 침통한 표정이였고 지금까지 경찰이 국민을 향해 보여준 모습과는 매우 달랐다. 국민들의 거센 분노를 직접 목도한 미국의 대응 또한 많이 달라져 있었다.

미국의 매카나기 주한대사는 "미국은 시위가 민중의 분노반영이라 믿는다. 한국의 이승만 정부가 만일 현 사태를 해결하지 못한다면 아이젠하워 대통령의 6월 방한은 취소될 것이고 연간 3억 달러에 해당하는 미국의 경제원조도 재검토될 것"이라며 유례없는 강한 비판을 하고 나섰다. 당시의 대한민국은 미국의 경제원조가 중단되는 순간 국가의 존립이 위태로운 가난한 국가였다.

미국의 국무장관 역시 "한국정부가 자유민주주의에 합당하지 않은 압력과 폭력의 수단을 쓰고 있다. 언론자유 및 집회의 자유를 보호하기 위한 필요하고 효과적인 조치를 취하길 바란다." 라며 이승만에게 직접 압박을 넣었다. 과거 런던타임즈에 의해 '민주주의가 불가능한 쓰레기통'이라는 오명을 뒤집어썼던 대한민국이었다. 하지만 국민들의 희생과 용기를 목도한 미국까지 생각을 바꿔 국민들의 편에 선 것이었다.

■ 시신이 되어 유족을 기다리는 영령

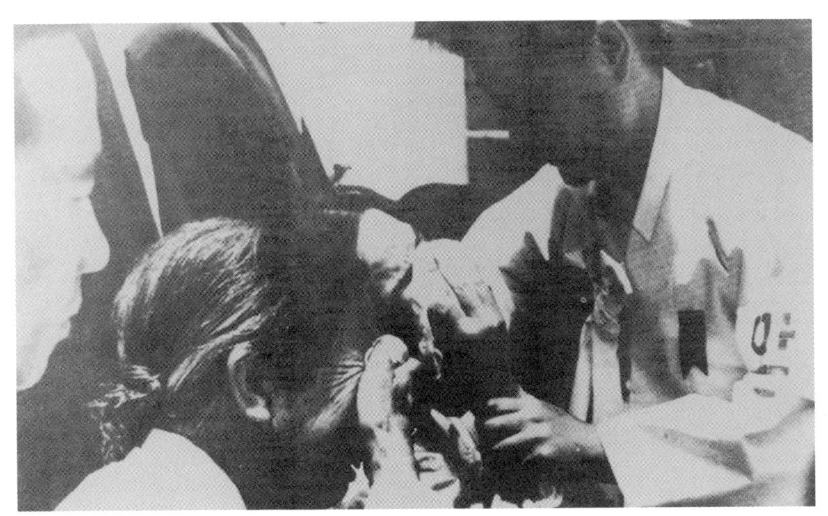

■ 자식의 소식을 듣고 오열하는 어머니들

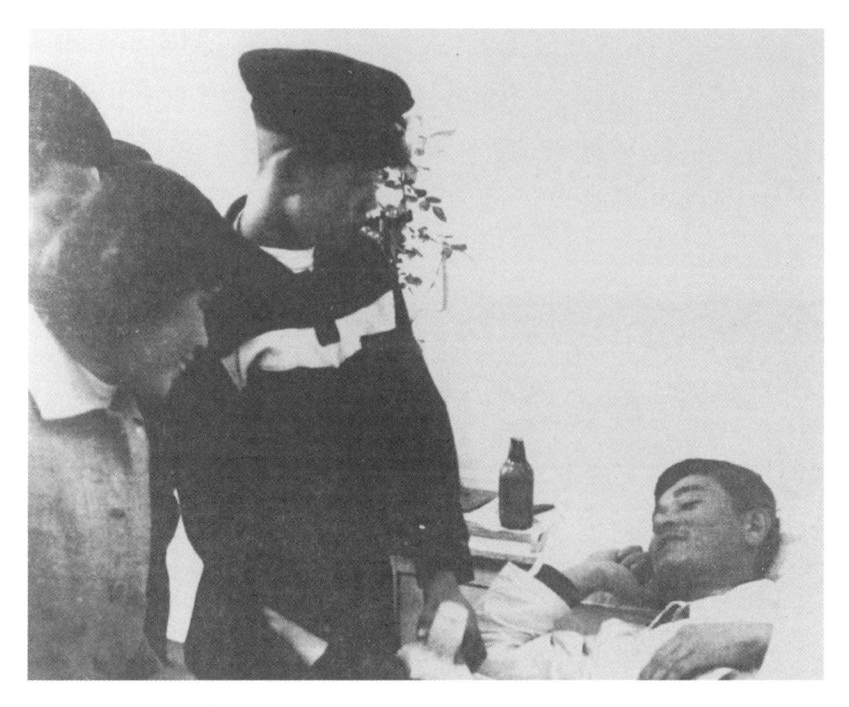

■ 다행히 살아남아 병원침상에서 가족을 맞이하는 부상영웅

■ 사상자를 위한 자발적인 모금활동

그러나 권력의 달콤함에 빠져 폭거를 자행했던 자유당은 여전히 정신을 못 차리고 있었다. 그들이 발표한 성명내용을 보면 알 수 있다.

민주당에서 시위행진에 대하여 무차별 발포를 했다고 하나 시위대의 투석행위와 경찰관에 대한 구타, 파출소의 습격과 점거, 경무대의 침입기도 등의 행위 때문에 부득이하게 발포를 한 것이다.

하지만 대한민국은 이미 변화하고 있었고 국민들은 깨어나고 있었다. 때문에 그들의 발표는 오히려 분노만 자극하는 꼴이 되었다.

여기에 더하여 김병로 전 대법원장을 비롯한 재야 정치지도자 13인은 4월 19일 학생시위사건의 수습방안을 담은 건의안을 발표하고 서한을 정부에게 전달하였다.

금반의 학생 데모사건은 계엄령의 선포까지 보게 되었다. 이른바 이 비상사태는 멀리는 대한민국 정부수립이래 12년간 누적된 사회정치적 불안에 연유한 것이며 가까이는 3 · 15 선거부정으로 유치된 것임이 명백하다.

그러나 이른바 이 불상 사태는 병력으로써 시정될 것이라기보다는 정부당국의 진지한 반성과 국민의 진정한 요구에 부응하는 성의를 표시함으로써 이를 구출할 수 있을 것이다. 그러므로 민주구국의 시급함을 통감하는 우리 동지들은 중대한 시국을 수습하는 당면의 긴급대책으로 비상계엄을 즉시 해제할 것과 학생들의 희생을 이 이상 더 내지 말고 구속된 자를 즉시 석방 할 것을 성명한다.

이렇게 국내외에서 압박이 거세게 들어오자 위기감을 느낀 이승만 대통령은 급하게 대국민 담화를 발표했다.

나의 전 생애를 바쳐온 애국적인 대한국민으로서 어느 누구든지 그러한 행동을 취할 수 있었다고는 거의 믿지 못할 일이다. 그러나 지금은 그 원인을 논의하거나 책임을 묻고자 할 때가 아니니다. 급선무는 법과 질서를 회복하여 계엄령의 필요성이 없게 되게 하는 것이다. 나는 대한민국 국민이 이 목적을 위해 애국심을 발휘하고 책임 당국의 지시에 따르기를 호소하는 바이다. 질서가 회복되면 정부는 이번 소요사건의 조사에 최대한 노력을 기울일 것이다. 죄가 있는 사람들은 벌을 받을 것이며 불평의 주요 원인이 있으면 다 시정될 것이다. 많은 사람이 목숨을 잃고 부상을 당하고 피를 흘렸으며 많은 손해를 입게 된 것을 가슴 아프게 생각하는 바이다.

부상자 가운데 두 사람의 미국인이 끼여 있었음을 심히 유감으로 여기는 바이다.

이 쓰라린 경험을 통해서 모든 우리 국민이 큰 교훈을 얻게 되었으며 우리가 법과 질서 그리고 정의의 원칙에 충실한 일치단결된 국민으로서 서로 전진할 수 있게 되기를 오직 바라는 바이다.

정치적으로 노련했던 그는 철모르고 덤벼드는 국민들이라던 마산의거 때의 성명과는 다르게, 자신은 부정을 저지르지 않은 선량한 제삼자가 되어 심판자의 입장을 견지하였으나 그의 대국민 담화는 이미 정치적인 힘을 잃은 상태였고 수많은 사람들이 그의 하야를 말하기 시작하였기에 돌이키기엔 너무 늦어버린 느낌이 있을 뿐이었다.

■ 계엄군에게 먹을 것을 건네주는 시민

4월 21일 목요일

매카나기 대사와 이승만

급해진 이승만은 21일 오전 다시 매카나기 주한미국대사를 만나 자신의 생각을 말하기 시작하였다.

"나는 선거부정에 대해선 들어본 바 없습니다. 내가 믿는 김 장관이나 홍 장관이 전부 거짓말을 했거나 사실을 숨겨왔던 것일까요? 그렇게 믿지는 않습니다. 때로는 선의가 잘못 이용되어 어려운 상황을 만들기도 하지요. 제가 알기로 이번 시위사태는 대중적 불만의 폭발이 아니라 장면 부통령과 천주교 노기남 주교의 공작입니다.

노기남 주교는 장면이 성공하면 이를 틈타 대한민국에서 기독교를 약화시키고 천주교의 영향력을 확대하려는 것입니다.

워싱턴의 시각은 지금 현실과 완전히 틀려요. 계속 그렇게 잘못된 현실 파악 위에서 정책을 만든다면 남과 북이 대치하고 있는 상태에서 엄청난 혼란이 생길 것입니다.

미국의 신문들도 전부 잘못됐어요. 계속 선동하고 문제를 악화시켜요." 라며 흥분한 목소리로 주장을 멈추지 않았다.

매카나기 대사는 이승만에게 학생들의 시위가 선동이 아님을 납득시키려 했으나 이승만은 갈수록 흥분하여 장면의 음모에 대한 증거를 곧 찾을 수 있을 것이라는 주장을 굽히지 않았다고 이날의 회담을 증언한다. 또한, 회담을 마치고 미국 국무부에 보낸 그의 보고서는 다음과 같은 말로 이날의 회담상황을 표현하고 있다.

이승만이 위험할 정도로 어둡고 잘못된 정보를 가지고 있으며 너무 많은 나이, 아첨을 잘 받아들이는 그의 성향 그리고 비판자를 용인하지 못하는 잘 알려진 그의 편견이 그를 이 상황에 이르게 한 것이다.

결국 흥분한 이승만에게 미국대사는 "미국은 시위가 민중 분노의 반영이라 확고하게 믿는다." 라고 적혀있는 미 국무장관인 허터의 각서를 읽어주게 되었고, 미국의 의지를 재차 확인한 이승만은 더욱 급해졌다. 어떻게든 사태의 수습이 필요하다는 것을 직감하게 되었기 때문이다. 그리하여 이승만은 전체 국무위원에게 일괄사표를 제출하게 한 뒤 모든 사표를 즉각 수리해 버렸다. 사표를 제출한 국무위원들은 대통령에 대한 보필이 부족하였다는 것과 국민들에 대한 봉사가 미흡하였다는 이유를 들어 추가성명을 발표하였으나 성난 국민들에게 이런 미봉책 따위가 사태의 수습책으로 받아들여질 리 만무하였다.

여기에 더해 계엄군 총사령관이었던 송요찬은 "시위대는 폭도가 아니다, 경찰이 보복할 경우엔 군이 엄중 처단 하겠다." 라며 오히려 경찰과 정부에게 경고하고 연행되어 억류중이던 시위대 1,014명을 바로 귀가 조치를 시켜 주었다. 계엄군이 자유당정부와 이승만의 바람과는 다르게 국민의 편에 서기로 마음먹은 것이었다.

■ 매카나기 대사와 이승만

■ 기자회견 중인 송요찬
송요찬 장군은 계엄군 사령관으로서 끝까지 중립을 지켜주었다.

4월 23일 토요일

부통령직 자진사퇴로 압박하는 장면박사

전국으로 확대된 계엄령에 의하여 질서를 바로잡은 대한민국의 주말 아침, 폭정에 경종을 울린 4 · 19 사태에 그동안 쌓여온 울분을 못 참겠다며 장면 부통령이 허수아비와 다름없이 보낸 자신의 4대 부통령 사직을 발표하였다. 이승만의 하야를 촉구하고 나선 것이다.

첫째 본인은 오늘로서 부통령직을 사퇴한다.

3 · 15 불법선거로 인하여 삼천만 동포의 울분은 드디어 절정에 달하고 마침내 민족의 정화인 청소년 남녀들이 불법과 불의에 항쟁하다가 총탄에 쓰러져 그 고귀한 피가 이 강산을 물들이게 됨을 볼 때에 하루라도 그 자리에서 머무를 수 없는 비통한 심경에 다다른 것이다. 동시에 본인의 사퇴로써 권력에 도취하여 압제와 폭정을 계속하는 이승만 정부에게 경종을 울리고 나아가서 자유, 민주의 정신을 이 땅에 소생시켜 국가위기를 극복하는데 일조가 되기를 바라는 바이다.

둘째 본인이 국민 여러분의 지지로 부통령에 당선된 이래 헌법이 본인에게 부여한 직책을 수행하려고 노력하였으나 이를 수행할 기관들은 이승만 정부의 고의적 방해로 인하여 구성조차 보지 못하였으며 그 외에도 독재화하여가는 정치, 파탄되어가는 국민경제, 혼란 일로의 사회상, 고립되어가는 외교 등을 시정하기 위하여 기회 있을 때마다 행정부에 대한 충고를 하였고 이 대통령과의 면담을 요청함도 수십 차이었으나 그때마다 거부당하였으며 부득이 서면으로 한 본인의 진언도 아무런 반향을 보지 못하였다.

금년의 선거를 앞두고 이 박사의 4선을 실현하기 위하여 자유당과 정부는 재작년 12월에 신성한 국회의사당에서 야당의원을 폭력으로 축출 감금한 후 국가보안법과 지방자치법을 개악하였으며 언론기관과 야당활동을 무자비하게 탄압하였고 평화적 집회 및 시위의 자유에 대한 불법제한을 더욱 강화하는 등으로 부정선거의 복선을 갖추었고 헌법정신에 배치되는 삼월조기선거, 유령유권자조작, 입후보등록의 폭력방해, 관권총동원에 의한 유권자 협박, 야당인사의 살상, 투표권 강탈, 무더기 부정 표 투입, 삼인조 공개투표, 야당참관인에 대한 각종 방해, 부정 개표 등으로 3 · 15정, 부통령선거에서 97% 투표율과 90% 내외의 여당투표를 조작, 발표함에 이르러서는 정권욕의 불법수단이 극한에 달하여 민주선거제도는 완전히 파괴되고 말았다.

셋째 이러한 부정, 살인선거에 대하여 국민의 분과 한은 가슴에 사무쳤고 진리와 정의에 민감한 청소년학도들의 시위운동은 전국각지를 휩쓸게 되었다.

집권자의 사병화한 경찰은 평화적 시위학도들에게 총탄을 퍼부었으며 그도 부족하여 잔학한 보복 살상과 고문을 무수히 감행하여 국민을 격앙케 하였고 또다시 총탄을 퍼붓는 등 무단 정책을 사용한 결과 드디어 법적 요건에 어긋나는 비상계엄령까지 선포하는 수치스러운 사태에 이르렀다. 이러한 중대위기에 즈음하여 이 대통령은 3 · 15 선거의 불법과 무효를 솔직히 시인하고 또 12년간 누적된 비정에 대하여 책임을 지고 물러서야 할 것이다.

넷째 본인은 비록 부통령의 직을 떠난다 할지라도 민주투쟁전열에서 국민들과 더불어 최후승리의 날까지 분투할 것을 맹세한다.

이번의 전국학도 총궐기운동은 우리 역사상의 새로운 시기를 획하는 것으로서 3 · 1 독립운동에 비견할 만한 금자탑이며 이제로부터 민족정기와 자유기백은 온갖 압제세력을 물리치고 광명의 천지를 개척하여 조국의 민주건설과 반공통일을 완수하게 될 것으로 믿는 바이다.

끝으로 민주수호를 위하여 생명을 바친 '민족의 꽃' 들에 대하여 명복을 빌며 명예의 부상자 여러분의 쾌유를 기원한다.

장면의 부통령 사퇴와 성명에 더욱 위기를 느낀 이승만 대통령은 결국 이기붕에게 사퇴를 요구하였고 이에 부통령으로 새로 당선되었던 국회의장 이기붕은 한계를 절감하고 성명을 발표했다.

본인은 현사태의 수습과 정국의 안정을 기하기 위하여 보수 세력의 합동으로써 정당을 개편하고 내각 책임제를 기초로 한 정치제도의 개혁을 고려한다. 이점에 있어서는 우리당의 총재이신 이승만 대통령과도 이미 합의를 본 바 있다. 본인은 부통령의 당선을 사퇴할 것을 고려한다.

하지만 이기붕의 발표는 고려 운운한다는 것으로 오히려 더욱 국민적 반감을 사게 되었다. 완전한 사퇴라 말하여도 수습을 장담할 수 없는 상태에서 사퇴의 고려를 운운하며 내각제로의 전환을 들고 나온 그를 어느 누구도 용납할 수 없기 때문이었다.

보수합당에 대하여서도 '부정이 누적된 당과는 합칠 수 없다.' 라는 성명만 이곳저곳에서 난무할 뿐이었다.

이날도 지방의 많은 도시에선 이승만의 하야를 요구하는 시위가 전국을 불태우고 있었고 부산에선 "이제 갈아 치울 때가 되었다"며 노인들이 시위에 나서는 모습을 보이기도 하였다.

계엄사령관은 외국기자들과 만난 자리에서 비상계엄을 곧 경비계엄으로 변경할 것이라고 발표하였고 경비계엄도 조속한 시일 내에 해제하게 될 것이라 약속하였다.

그러나 계엄사령관의 경고에도 불구하고 경찰들이 연행된 학생을 "너희들 3분의 2는 빨갱이다." 라며 무자비하게 고문했던 사실이 밝혀지게 되면서 질서를 유지하던 정국이 다시 달아오르는 듯 보였으나 검찰의 발 빠른 고문경찰관에 대한 구속조치로 해결되기도 하였다.

국민의 무서움을 보고 난 4월 19일 이후, 상식적인 세상으로 변해가는 시대를 실감하게 하는 사건이었다.

■ 부산노인데모

4월 24일 일요일

이승만의 수습책

국무위원들의 총사퇴와 이기붕 국회의장의 부통령 당선사퇴 고려 따위로는 수습이 불가능하다 여긴 이승만 대통령은 결국 추가 수습책으로 자신의 자유당 총재직을 내던졌다. 경무대를 방문한 이기붕 의장에게 "나는 자유당 총재직을 무조건 그만 두겠다."고 밝히며 이기붕에게 당선 사퇴에 대한 추가 압력을 넣은 것이었다.

더 이상의 압박을 이겨낼 방법이 없었던 이기붕 의장은 결국 이날 오전, 자신의 부통령 당선사퇴와 더불어 국회의장직과 자유당 당직자들의 전원 사표를 이승만 대통령에게 제출하였고 기자들에게 자신은 일절의 공직에서 물러날 것을 밝히며 경찰이 종래에 정치적으로 많이 이용되었음을 시인하였다. 또한, 자유당은 경찰의 중립화에도 전적으로 찬성한다고 발표하였다. 자유당은 이날의 당직자 전원의 사표 제출로 인하여 그 기능이 완전히 마비되었고 실질적으로 해체된 것과 다름이 없었다. 여당으로서 수년간 국민 위에 군림했던 자유당의 마지막 모습이었다.

이기붕의 사퇴와 자유당 당직자 전원의 사표를 확보한 이승만은 이날 다시 한 번의 대국민 담화를 발표하였다.

어떻게든 이 정도로 수습하여 넘어가고자 하는 독재자의 간절함이었다.

이승만 대통령 특별담화문

첫째 국무위원들의 사표는 전부 이를 수리하고 곧 새로운 인사들을 각부에 등용할 것이다.

나는 과거 정부경력을 관계치 않고 인선을 의논하고 있는 중이며 하루속히 임명할 것이다.

둘째 나는 모든 정당관계를 떠나서 다만 국가만을 위해서 일 할 것이다.

셋째 앞으로 정부의 일반 행정과 정당을 완전히 분리 구별한다.

넷째 4 · 19 사태로 말미암아 우리는 크게 위신을 떨어뜨렸으며 그날 고귀한 인명을 많이 상실한 것은 크게 슬픈 일이며 사망자 근친들의 슬픔은 모든 동포들의 슬픔인 것이다.

다섯째 앞으로 나 자신은 대통령으로서 정당관계를 떠나 국가의 원수로서 행정부의 수반으로서 전적으로 나라에 봉사할 생각이다.

여섯째 이번 사태에 관계된 범법자들을 처벌하는 데 있어서 공정히 처리할 것이며 우리는 아무런 보복행위도 원하지 않으나 '살인한 자'와 '파괴한 자'만은 처벌할 것이다.

하지만 이러한 성명에도 불구하고 이번엔 그동안 자유당의 충실한 개 노릇을 하던 경찰들이 자유당의 붕괴에 동요하며 등을 돌리기 시작하였다.

"자유당 놈들이 우리를 이용 할 대로 이용하고는 이제 와서 우리에게 책임을 돌리려 한다"는 노골적인 격분을 표현하기 시작한 것이었다. 위기에 처했던 그들은 자신들이 그동안 자행했던 악행을 잊어버리기라도 한 것처럼 "학생들이 우리를 원수같이 대하면서 우리도 공포감을 느끼고 있다. 우리야 하라는 대로한 것뿐 아니요, 우린들 학생들에게 무슨 원수를 지었겠소?" 라며 상부의 잘못을 강조하였다. 그들은 이제 와서 "자유당이 너무나 부패했었다 정신 차려야 한다."는 말을 거리낌 없이 떠들고 다녔다. 그리고 기자들에게 찾아와 "시위를 철저히 조사하라고 상부로부터 명령이 내려온 뒤 간부들이 직접 고문을 자행했다." 고 은근슬쩍 고발하면서 "자신들의 형제들도 시위에 가담했었다."고 밝히기도 하였다.

일제의 치하에선 일본 경찰과 앞잡이로, 해방 후에는 그대로 살아남아 독재정권의 개로 살아온 그들 특유의 처세가 다시 시작되는 듯한 씁쓸한 모습이었고, 그들이 민중의 지팡이라는 것이 슬픈 사실일 뿐이었다. 학생들을 향해 총격을 가하여 수많은 젊은 생명을 꺾어버렸던 폭력경찰, 하지만 혁명 이후 처벌된 경찰은 거의 없다시피 할 정도로 극소수에 불과했다.

또한, 이날은 재미유학생들도 들고 일어나 재선거를 실시하라며 먼 미국 뉴욕에서 시위를 진행하기도 하였다. 엠파이어 빌딩 앞에서 4월 19일 희생된 학생들을 추도하고 협잡선거를 규탄한다며 60개 이상의 현수막과 태극기를 들고 조국의 민주주의를 염원한 것이었다.

이날 동아일보는 사설에서 그간 행해진 이승만 대통령의 여러 수습 방안들과 특별담화문을 다음과 같이 비판하고 있다. 이 사설은 현재를 살아가는 우리에게 시사해 주는 바가 있어 전문을 옮긴다.

3 · 15와 4 · 11, 두 번의 마산사건과 4 · 19 학생시위사건의 형태로 폭발된 현 집권세력에 대한 전 국민의 일대 반항은 국내외에 비상한 정치적 선풍을

일으켰고, 여사한 선풍에 압박감을 느끼고 당황하기 시작한 집권층에서는 뒤늦게나마 그 어떠한 정치적 배려와 구급연명책을 강구하여 난국을 돌파하지 않으면 안 되겠다는 생각을 갖게 된 모양 같다.

작금 이 대통령이 구 관료인 변 모 씨와 허 모 씨 등을 경무대로 초대하여 그들의 직언을 청취했다든가, 이기붕 의장과 협의하여 부통령당선을 자진사퇴할 것을 약속했다든가 하는 등의 일들과 보수 세력의 합동으로써 정당을 개편하고 내각책임제를 기초로 한 정치제도로 개혁해보겠다는 담화를 이기붕 씨 자신이 발표하는가 하면, 이 대통령은 또한 자유당 총재를 사퇴하고 모든 정당관계를 떠나 대통령직에만 전념하기로 했다고 보도되고 있는 등의 일들은 모두 현 집권층의 초조한 구급연명책의 일환으로 밖에 보이지 않는다.

첫째로 구 관료였던 변 씨와 허 씨의 소위 말하는 직언에 의하면 과거 12년간의 비정과 3 · 15 부정선거의 총책임을 이기붕 씨에게만 전부 뒤집어씌우고 "이승만 대통령은 전혀 몰랐다."는 것이다.

그러나 우리 국민은 과거에서 현재에 이른 십여 년의 정치가 이 박사 일인에 의한 독재정치였음을 분명히 기억하고 있으며,

또 3 · 15 부정선거로 말하면 직접 지휘하거나 명령한 일은 없다고 할지라도 그러한 선거의 부정을 몰랐다거나 또는 알고도 제지하지 못했다는 데 대한 책임은 면할 길이 없다고 보지 아니할 수 없다. 대통령 책임 정치하에서 대통령이 실정에 대한 책임으로부터 면제될 수 있다는 사고방식처럼 위험한 사상은 없고 그러한 방향으로 이끌고자 하는 시국 수습책처럼 국민을 이중으로 우롱하는 술책은 다시없다고 하겠다.

둘째 이기붕 씨의 부통령 당선만을 사퇴케 함으로써 국민의 울분을 풀어보고자 하는 방식의 정국안정 내지 시국 수습책도 우리로서는 수긍하기 어렵다 함은 이미 강조한 바이다. 그러한 이 씨만의 당선사퇴는 3 · 15 선거를 합법 시

하려는 시도에 그 첫 번째 기만성이 있고 지난번의 정 · 부통령 선거가 동일한 시간 동일한 장소에서 동일한 기관과 동일한 수법에 의한 불법과 부정선거였었다는 사실을 은폐하고자 하는 데에 그 둘째의 기만성을 엿볼 수 있다.

셋째로 이기붕 씨의 이름으로 발표된 보수합당과 책임내각제 개헌구상에 관해서는 이미 그것이 그릇된 생각이라 지적하였다.

전날의 마산사건에 있어서나 이번 4 · 19 학생시위사건에 있어서나 민중 또는 학생들이 보수정당의 합동이나 책임내각제로의 개헌 등을 절규한 일은 없었다. 이 시기에 그러한 얼토당토않은 엉뚱한 문제를 내거는 일 자체가 다분히 정략적이다. 정략적이라 함은 그러한 문제를 내걸므로써 첫째로는 국민의 관심을 그 방향으로 쏠리게 하여 폭발된 민심을 식히고 둘째로는 유일한 야당인 민주당을 분열케 하려는 고등술책이라고 생각되기 때문이다.

이기붕 씨의 영도하에서 보수정당이 합쳐질 것이라고 생각되지 아니하며 이기붕 의장의 통제에 책임내각제 개헌안이 통과될 리도 없고 이승만 대통령에 의하여 진정한 책임내각정치가 실시 될 것을 기대할 수도 없다고 생각하는 일반 국민에게는 그러한 희망 담화가 오직 한 개의 웃음거리로 밖에 보이지 않는다.

현 집권세력에 대항할만한 반대세력의 성장을 한사코 억압해온 현 집권층이 보수합당을 희망한다는 것은 일당 독재의 단꿈에서 아직도 깨지 못하고 있다는 증좌이요 어제까지도 대통령 중심제의 헌법제도를 고수해 온 정치세력이 오늘 갑자기 책임내각제를 동경하는 듯이 말하고 있다는 것은 책임내각제의 간판을 걸고 여전한 대통령 정치를 계속 해보겠다는 저의의 발로가 아니고 무엇인가.

넷째로 이승만 대통령이 자유당의 당적을 떠나는 것은 그의 자유이다. 그러나 이러한 그의 당적 이탈이 민심수습과 무슨 관계가 있는지를 우리는 알 수가 없다. 이승만 대통령이 자유당 총재의 지위와 자격으로 독재를 해왔고 이 때문에 국민의 인기를 상실했다는 말인지, 또는 이승만 박사가 대통령으로서는 훌륭했지만 자유당 총재로서는 그렇지가 못했다는 말인지 알 수가 없다. 또 만일에 이 박사를 욕되게 한 것은 자유당이지 역대의 국무위원들이 아니었다는 사고의 과정이 이승만 박사의 당적 이탈을 권고하게 된 동기라고 한다면 이처럼 또 사태를 직시하지 못한 처사는 없다. 우리 국민은 역대의 국무위원들이 져야 할 책임 또는 자유당이 져야 할 책임과 이 대통령이 져야 할 실정에 대한 책임은 별개의 것이라고 본다. 그러므로 이 박사는 그 자신의 책임을 자유당이나 과거 및 현재의 국무위원들에게 전가할 수는 없지 않겠느냐고 본다.

결론적으로 말하면 이승만 대통령과 이기붕 의장 및 자유당 간부가 진심으로 시국을 수습하고 국민의 여론에 보답할 각오가 되어 있다면 다음과 같은 몇 가지의 긴급조치를 즉각 취해야 할 것이다.

하나는 중앙선거위원회로 하여금 3 · 15 정 부통령 선거를 취소하고 재선거를 공고케 하는 일.

둘은 3 · 15부정선거를 지휘한 고위책임자들을 체포, 처단케 하는 일.

셋은 마산사건과 4 · 19의 관련자를 석방함과 동시에 고문경관을 색출하여 철저히 처벌하는 일이다.

폭발한 국민의 분노와 울분에 자유당 정부와 이기붕 의장 그리고 이승만 대통령은 대한민국 안에서 자신들이 서 있을 수 있는 공간을 점점 잃어가고 있었다.

4월 25일 월요일

대학교수단의 시국선언

국회에서 자유당의원들을 압박한 민주당은 결국 '비상계엄해제결의'를 통과시켰다. 법적 요건이 갖추어지지 않은 불법계엄령이라는 이유를 들어 통과시킨 것이었다. 그리하여 비상계엄이 실시 중이었던 서울의 계엄령이 즉각 해제되었다.

사법부에서도 대법관을 통해 "4·19 시위는 민주주의를 위한 순수한 운동이었다." 라고 공포하였으며 계엄사령관 또한 "희생자는 나라의 보배이다." 라는 말을 남기며 실질적으로 비상계엄을 해제하였다.

질서는 유지되고 있었고 대통령의 하야 없이, 그가 준비한 대로의 수습책에 조금 더한 수준에서 시국은 천천히 마무리 수순을 밟으며 정리가 되는 것처럼 보였다.

오후 3시

그러나 역사의 시계는 이대로 멈추는 것을 허락하지 않았다.

서울대 봉급날이었던 이날, 월급을 핑계로 감시를 피해 서울대학교

의과대학에 모였던 대학교수 258명이 전격적으로 시국선언문을 발표하며 거리로 나섰다.

아이러니하게도 시국선언을 주도한 교수들은 정치나 경제학교수가 아닌 대부분 정치적 이해관계를 벗어나 있던 철학이나 역사학교수들이었다.

교수들은 22일부터 비밀리에 회동하여 고려대 이상은 교수와 김경탁 교수가 초안을 만든 시국선언문의 준비를 끝마쳐 놓고 있는 상태였다.

백발의 노 교수들이 '학생들의 피에 보답하라' 적혀있는 현수막을 든 채 선두에 서서 행진을 진행하였고 뒤를 따르는 교수들의 손엔 태극기가 들려있었다. 구속을 각오한 듯 겨울옷을 입고 있던 교수들도 보였다. 시민들과 학생들은 기대하지 못했던 교수들의 시위에 놀라기도 하고 감격하기도 하여 행진에 합류하기 시작하였고 소식을 들은 시민들은 다시 거리로 달려 나왔다. 계엄령이 발동한 뒤 처음으로, 또다시 대규모로 불어난 시민들의 행렬은 끝도 보이지 않을 만큼 길어진 채 서울의 한복판을 걸어나갔다.

학생들의 피에 보답하라는 문구의 구호는 어느새 '이승만 대통령은 물러가라'는 구호로 바뀌어 있었고 258명의 교수들로 시작된 이날의 시위소식은 번개처럼 서울의 전역으로 퍼지게 되었다. 행진의 인파는 얼마 지나지 않아 수만 명으로 불어나 있었다.

■ 현수막을 만들어 "학생의 피에 보답하라" 글을 쓰는 교수단

■ 현수막을 들고 행진을 시작하는 교수단

■ 행진하는 교수단과 모여드는 시민들

오후 6시 50분

수만의 시위대는 국회의사당 앞에 멈춰 서있었다.

그리고 이항령 교수가 미리 준비한 교수들의 시국선언문을 발표하였다.

교수단 시국선언문

이번 4 · 19 의거는 이 나라 정치적 위기를 극복하기 위한 중대한 계기다. 이에 대한 철저한 규정 없이는 우리 민족의 불행한 운명을 도저히 만회할 길이 없다. 이 비상시국에 대처하는 우리는 이제 전국 대학교수들의 양심에 호소하여 아래와 같이 우리의 소신을 밝힌다.

1. 마산, 서울 기타 각지의 학생 데모는 주권을 빼앗긴 국민의 울분을 대신하여 궐기한 학생들의 순진한 정의감의 발로이며 부정과 불의에 항거하는 민족정기의 표현이다.

2. 이 데모를 공산당의 조종이나 야당의 사주로 보는 것은 고의의 곡해이며 학생들의 정의감에 대한 모독이다.
3. 평화적이요 합법인 학생데모에 총탄과 폭력을 기탄없이 남용하여 대량의 유혈, 참극을 빚어낸 경찰은 '민주와 자유'를 기본으로 한 국립경찰이 아니라 불법과 폭력으로 정권을 유지하려는 일부 정치집단의 사병이었다.
4. 누적된 부패와 부정과 횡포로서의 민족적 대 참극, 대 치욕을 초래케 한 대통령을 위시하며 국회의원 및 대법관 등은 그 책임을 지고 물러나지 않으면 국민과 학생의 분노는 가라앉기 힘들것이다.
5. 3 · 15 선거는 불법 선거이다. 공명선거에 의하여 정 · 부통령선거를 다시 실시하라.
6. 3 · 15 부정선거를 조작한 주모자들은 중형에 처해야 한다.
7. 학생 살상의 만행을 위에서 명령한 자 및 직접 하수한 자는 즉시 체포 처형하라.
8. 모든 구속학생은 무조건 석방하라. 그들 중에 파괴 또는 폭행자가 있다 하더라도 그것은 동료 피살에 흥분한 비정상하의 행동이요, 폭행 또는 파괴가 그 본의가 아닌 까닭이다.
9. 정치적 지위를 이용 또는 권력과 결탁하여 부정축재한 자는 관 · 군 · 민을 막론하고 가차 없이 적발, 처단하여 국가기강을 세우라.
10. 경찰은 학원의 자유를 보장하라.
11. 학원의 정치도구화를 배격한다.
12. 곡학아세하는 사이비 학자와 정치 도구화된 소위 문인, 예술인을 배격한다.
13. 학생제군은 38선을 넘어 호시탐탐하는 공산 괴뢰들이 제군들의 의거를 선전에 이용하고 있음을 경개하라. 그리고 이남에서도 반공의 이름을 도용하던 방식으로 제군들의 피의 효과를 정치적으로 악용하려는 불순분자를 조심하라.
14. 시국의 중대성을 인식하고 국가의 장래를 염려하여 학생들은 흥분을 진정하고 이성을 지켜 속히 학업의 본분으로 돌아오라.

선언문의 낭독을 마친 후, 만세삼창을 한 교수들은 시위대를 향해 해산을 선언하였다. 그리고 마치 약속이나 한 듯 계엄군의 통행금지 사이렌이 울려 퍼지기 시작하였다.

■ 국회의사당 앞에서 선언문을 낭독한 뒤 만세를 외치는 교수단

오후 7시 30분

멀리서 계엄군의 탱크가 통행금지를 알리며 육중한 굉음과 함께 다가오고 있었다. 비상계엄은 해제되었지만, 교수단의 행동에 독려되어 다시 운집한 너무도 많은 수의 군중들 때문이었다.

성큼걸음으로 군중들을 향해 행군해오는 군인들은 착검을 하고 있었다. 시위대를 막고 강제해산을 시키기 위한 조치였다. 또 다른 학살이 시작되는 것은 아닌가 하는 위기감이 세종로를 감싸 올랐다. 하지만 군중들은 오히려 파랗게 날이 선 대검을 향해 다가서며 일촉즉발의 상황을 연출하였고 급하게 혈서를 써 내려간 학생 한 명은 '쏠 대면 쏴 봐.' 라는 종이를 펼쳐 보이며 어느새 탱크의 포문 앞으로 다가서 있었다. 거대한 탱크 앞에선 학생의 용기는 만용에 가까웠다.

하지만 계엄군은 탱크의 포문을 열지 않았다. 군중들은 경찰과 다른 대한민국의 군인들의 모습에 환호성을 질렀다. 여기저기에서 '국군 만세' 소리가 울려 퍼졌다. 어느 사이 학생들과 시민들은 하나둘 탱크 위로 올라가 있었다. 계엄군은 탱크의 포신위에 올라가려는 시민을 제지하기는커녕 오히려 친절히 디딤발을 손으로 받혀주었다. 탱크 위에서 애국가를 부르며 국군 만세를 목이 쉬도록 외치는 시민들이었다. 계엄군은 총을 든 채 담담하게 시위대를 지켜보기만 하였다.

뒤늦게 시위대를 제압하려 경찰들이 부랴부랴 달려왔지만 탱크 위에서 만세를 부르며 계엄군과 한데 어우러진 모습을 보고 감히 다가오질 못하고 있었다.

■ 착검을 한 상태로 군중에 둘러싸인 속수무책의 계엄군

■ 탱크의 포신 위로 올라가는 시민이 다칠까 염려되어 손으로 디딤발을 받쳐주고 있는 계엄군.

이날 시위대는 부정선거를 기획했던 전 내무부 장관 최인규의 집을 파괴하고, 반공청년단의 수장으로서 수많은 폭력사건을 지휘했던 이정재와 임화수의 집을 불태웠다. 통행금지령을 어기고 흥분을 못 이겨 방화를 행사하기도 하던 시위대였지만 계엄사령부는 시위대를 향한 어떠한 발포행위도 금지시켰다.

이런 와중에도 이기붕의 자택을 지키던 경찰들은 시위대를 향해 무차별 사격을 퍼부어 기어이 중상자를 만들어 내고야 말았다.

하지만 경찰의 발포 따위는 더이상 시위대를 막을 수 없었다.

경찰의 학살에 더욱 분노한 시위대는 결국 이기붕의 집을 박살내고 집안의 갖가지 사치품과 가구들을 끌고 나와 불태워 버렸다. 그리고 몰래 빠져나온 이기붕은 경무대에서 보낸 차를 타고 포천에 있는 6군단으로 피신 길에 올랐다.

나는 새도 떨어뜨릴 수 있었던 이기붕 일가는 결국 야반도주하는 신세를 면하지 못하게 된 것이었다.

■ 불타는 이기붕의 가재도구

4월 26일 화요일

이승만의 하야

오전 9시

교수단의 시국선언으로 용기를 얻은 민심이 다시 폭발하였다. 아침 일찍부터 약속이나 한 듯 엄청난 수의 시민들이 서울의 중심부로 해일처럼 밀려들었다.

미국의 매카나기 대사는 사태가 다시 심각해지는 것을 보고 김정렬 국방장관에게 전화를 걸어 즉시 이승만 대통령을 만나 재선거를 실시하겠다는 성명을 발표하라 독려하였다. 또한, CIA 책임자였던 '피어드 실바'도 김정렬에게 전화를 걸어, 이승만 대통령을 찾아 경무대를 빠져나오라 재촉하고 매카나기와 함께 한국을 떠나 미국으로 망명하는 것에 대해 협의할 것을 촉구하였다.

"앞으로 2시간 안에 총사퇴하지 않는다면 여러분은 모두 죽게 될 것이다."라는 말로사태의 심각성을 각인시켰다.

김정렬 국방 장관은 이승만 대통령에게 보고를 끝낸 뒤 '국민의 뜻이라면 대통령직을 사퇴할 수 있다.'는 내용의 대국민 발표문에 대한 승인을 얻어 매카나기 대사에게 전달하였다.

■ 이른 아침부터 또다시 모여든 시위대

오전 10시

시위대로 변한 시민들은 경무대를 향하고 있었고 군중의 수는 화요일 아침이었음에도 이미 10만 명에 육박하고 있었다. 시위대 중에는 어린 꼬마들도 있었다. 수송 초등학교 학생들이 지난 19일 경찰의 발포로 사망에 이르게 된 자신들의 학우 전한승 군을 기리며 '국군 아저씨들, 부모 · 형제에게 총부리를 대지 말라' 는 현수막을 높이 들고 시위대의 선두에 당당히 서 있는 것이었다. 시위대라고 하면 초등학생까지 학살을 자행하던 자유당과 경찰이었다.

■ 자신들의 학우를 기리며 "국군 아저씨들 부모 · 형제들에게 총부리를 대지말라!"는 현수막을 들고 시위군중의 선두에선 수송초등학교 어린이들

도심의 질서는 또다시 완전히 엉망이 되었으나 계엄군은 시민들의 편이었다. 너도나도 탱크에 올라타 태극기를 흔들었고 이승만의 하야를 요구하였다. 경무대 앞은 끊임없이 밀려드는 성난 군중들로 포위당하여 어느 누구의 탈출도 불가능한 상황이 만들어져 있었다. 성난 시위대에 의하여 경무대 정문과 철망은 바람 앞에 촛불처럼 흔들리고 있었다.

오전 10시 30분

라디오를 통해 전국으로 이승만 대통령의 떨리는 목소리가 흘러나오기 시작하였다.

나는 해방 후 본국에 돌아와서 여러 애국애족 하는 동포들과 더불어 잘 지내 왔으니 이제는 세상을 떠나도 한이 없으나 나는 무엇이든지 국민이 원하는 것만이 있다면 민의를 따라서 하고자 한 것이며 또 그렇게 하기를 원했던 것이다.

보고를 들으면 우리 사랑하는 청소년 학도들을 위시해서 우리 애국애족 하는 동포들이 내게 몇 가지 결심을 요구했다 하니 내가 아래서 말하는 바대로 할 것이며 내가 한 가지 부탁 하고자 하는 것은 우리 동포들이 지금도 38선 이북에서 우리를 침입코자 공산군이 호시탐탐하게 기다리고 있다는 것을 명심하고 그들에게 기회를 주지 않도록 힘써주기를 바라는 바이다.

1. 국민이 원한다면 대통령직을 사임하겠다.
2. 3 · 15 정 · 부통령 선거에 많은 부정이 있다 하니 선거를 다시 하도록 지시하였다.
3. 선거로 인연한 모든 불미스러운 것을 없이 하기 위하여 이미 이기붕 의장에게 공직에서 완전히 물러나도록 하였다.
4. 내가 이미 합의를 준 것이지만 만일 국민이 원한다면 내각책임제 개헌을 하겠다.

마치, 1945년 8월 15일 해방을 맞이하던 대한민국과 같은 광경이 펼쳐졌다. 라디오 전파를 타고 흘러나온 일본 왕의 무조건 항복 선언과 동시에 터져 나오던 온 겨레의 눈물과 만세 소리처럼, 15년 전 대한민국의 모습이 그대로 재현되는 듯 보였다.

도심을 가득 메운 사람들은 라디오를 통한 성명이 시작되자마자 "대한민국 만세"와 "민주주의 만세"를 외치기 시작하였다. 계엄군과 시민들은 서로 얼싸안고 만세를 불렀다.

기쁨에 찬 학생들은 파고다공원으로 달려가 이승만의 동상을 쓰러뜨린 뒤 새끼줄로 묶어 거리로 나와 질질 끌고 다녔다. 시민들의 환호성은 끝날 줄을 몰랐고 대한민국 전역이 마치 축제를 하는 듯한 모습이었다. 기쁨에 겨운 사람들은 제일 먼저 경찰서로 달려가기 시작하였다 연행된 학생들을 이제 풀어달라고 항의를 하기 위함이었고 "구속된 정치깡패들을 우리에게 내놓으라, 우리가 직접 처단 하겠다."라는 요구 때문이었다. 국민들의 외침이 전국의 경찰서를 뒤덮었다.

■ 만세를 외치는 계엄군과 시민들

■ 쓰러진 이승만 동상.
군중들은 파고다공원의 이승만 대통령 동상을 새끼줄로 분뇨차에 매달아 한참을 끌고 다녔다.

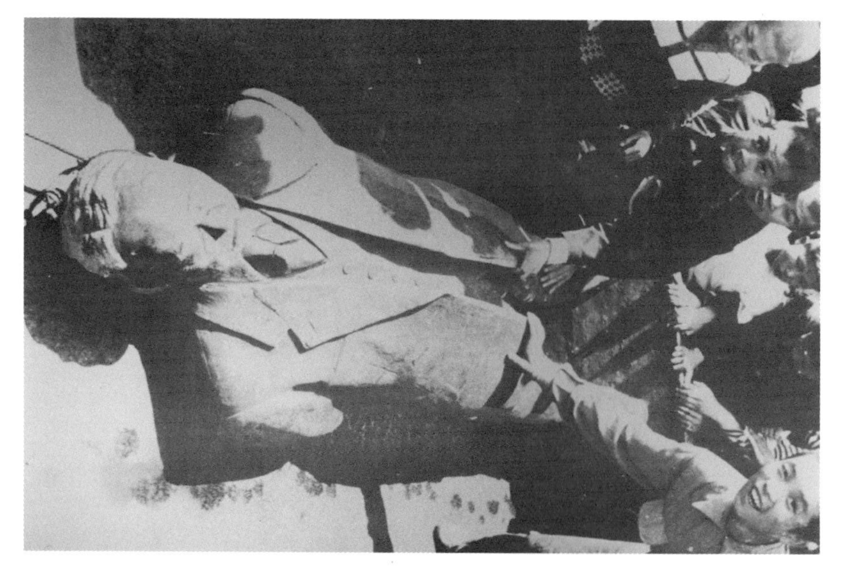

■ 분뇨차에 묶인채로 끌려다니는 이승만 동상

11시 30분

하야를 발표한지 한 시간이 지났음에도, 동대문경찰서의 경찰들은 구속되어 있는 사람들을 풀어달라는 시위대의 요구를 묵살하며 끝까지 대치상황을 풀지 않았다. 흥분한 시위대가 목소리를 높이며 위협하자 경찰들은 기어이 또 한 번 시민들을 향해 무차별 사격을 자행하였다.

탕, 탕, 탕, 탕, 탕, 탕.

순식간에 4명의 사망자가 발생하였고 20여 명이 총격에 의해 중상을 입게 되었다. 전방에서 울려 퍼진 총소리와 비명소리에 분노한 시민들은 경찰서의 현관을 부수고 진입하여 유치장에 구속되어있던 시위대를 구출하곤 닥치는 대로 파괴하기 시작하였다.

마지막까지 국민들을 향해 총부리를 겨누었던 동대문경찰서는 결국 시민들이 지른 불에 불타올랐다.

역사적인 4월 26일은 이승만 대통령의 하야와 함께 그렇게 저물었다.

자신의 권력 유지를 위해 저질렀던 최초의 작은 부정이, 결국 공권력을 괴물로 만들어 버리고야 말았고 괴물은 수많은 젊은이의 피를 먹어치우고 나서야 잠들었다.

■ 불타버린 동대문 경찰서

이틀 뒤인 4월 28일 이승만의 하야 이후 대학생들이 다시 거리로 나왔다. 대학생들은 해방구처럼 혼란스러워진 국가의 질서회복과 수습의 길이 대학생에게 있다는 표어들 들고 시민들을 선도하였다.

사람들은 누구라 할 것 없이 거리를 청소했고 부상자에게 도움의 손길을 보내주었다.

한편, 6군단으로 피신해있던 이기붕과 그의 아내 박 마리아는 이승만 대통령에게 양자로 보냈던 자신들의 큰아들을 맞이하였다.

이승만 하야 이후 그의 양자였던 이강우가 친부모를 찾아온 것이었다. 하지만 그의 큰아들 이강우는 권총으로 자신의 친부모와 친동생을 쏴 죽인 뒤 스스로 자결하였다.

결국, 일가족 모두가 사망하게 된 것이다. 일찍이 기자들에게 던졌던 '총은 사용하라고 준 것이지 가지고 놀라고 준 것이 아니다.'라는 자신의 농담이, 아들의 손에 부메랑이 되어 돌아온 것이었다.

영원한 권력을 믿고 독재와 함께 수많은 부정을 자행했거나 묵인했던 이승만 대통령과 이기붕 국회의장 그들은 자신들의 영달과 권력의 달콤함을 때문에(그 사실을 자각했던 아니면 혹 그렇지 않았다 하더라도) 대한민국의 민주주의를 완벽하게 말살하려 했던 인물들로 그렇게 역사에 남게되었다.

이승만과 이기붕이 권좌에서 물러나던 시기 이승만의 재산은 5억 환, 이기붕 일가의 재산은 15억 환인 것으로 기록되어있다.

일반적인 가치 다시 말하여 단순 물가상승률로 환산하면 오늘날의 250억 원 정도에 해당하지만, 한강의 기적을 이루었던 대한민국에서 이러한 계산은 잘못된 기준에 기초한 것이라 생각한다.

보다 정확한 비교를 위해선 국내 총생산 즉 GDP를 기준으로 해야 올바르다 생각하며 그렇게 계산해 보면 그들의 재산은 오늘날의 7조 원 정도에 해당하는 금액이다. 국민의 절반 이상이 하루에 두 끼 식사조차 하기 힘든 시절이었다.

국민의 힘으로 자신들의 주권을 훔쳐갔던 독재자를 자리에서 끌어내린 '국민주권의 증명'과도 같은 우리의 자랑스런 역사이자, 대한민국 민주주의의 뿌리.

선배들의 위대한 용기가 있었기에 우리가 지금의 민주주의와 자유 그리고 행복을 누릴 수 있는 것이다.

정의롭고 건강한 국가란 국민이 국가를 두려워하는 것은 아니다.

국가가 국민을 두려워해야 바른 것이다.

습의길은대학생 에있

시민은 질서유지 합시다

경신정부수립축

끝마치는 말

4 · 19 혁명은 부정선거에 대항하여 많은 학생들과 시민들이 목숨을 걸고 항거했던 우리의 역사적 사실이자 대한민국 민주주의의 뿌리인 혁명이다.

186명의 사망자와 6000여명에 달하는 부상자들의 희생을 댓가로 가져온 자유당 정권의 몰락과 이승만의 하야.

이 역사적인 사건으로 인하여 국가의 진정한 주인은 국민이고 국가의 진정한 주권은 국민으로부터 나오는 것이어야 한다는 진리를 우리 사회가 뼈 속 깊이 간직할 수 있게 된 것이다.

하지만 혁명의 성공 불과 1년여 뒤, 국가의 무능력함을 명분으로 소수 정치군인들이 일으킨 5.16 군사 쿠데타에 의해 대한민국의 민주주의는 기회를 박탈당한 체 길고 긴 군사 독재정치 시대의 수면 아래로 가라앉게 된다. 이후 오랜 시간동안 4 · 19 혁명의 사실들은 군사 독재자들에 의하여 지워지고 혁명의 의미는 격하되어 갔다. 그들에게 정의와 민주주의 그 자체인 4.19 혁명정신은 매우 불편한 것이었기 때문이었다.

그렇게 대한민국의 민주주의와 국민주권은 젊은이들의 희생을 또 다시 강요하고 있었다. 하지만 우리의 선배들은 현재를 살아가는 우리들을 위해 기꺼이 자신들을 희생해 주었다. 긴 세월 동안 수많은 젊은이들이 다시 한번 자신의 모든 것을 내던지며 독재자에게서 주권을 돌려받기 위한 끊임없는 투쟁을 벌였던 것이다. 그들이 민주주의를 향한 투쟁을 지속할 수 있었던 이유 역시 4 · 19 혁명에 있었다고 할 수 있다. 정의는 승리한다는 진리가 혁명의 과정에서 확고부동한 역사적 증거로 남아있었기 때문이었다.

결국 30년 남짓 이어진 투쟁과 희생으로 말미암아 대한민국은 민주주의를 회복하는데 성공하였고, 국민들은 독재자에게 빼앗겼던 주권을 돌려받을 수 있게 되었다.

1987년 6월, 되찾은 주권으로, 우리는 지금까지 선거라는 소중한 가치를 누리고 있는 것이다. 그러한 이유로 인하여 대한민국의 헌법전문이 '3 · 1운동으로 건립된 대한민국임시정부의 법통과 불의에 항거한 4 · 19 민주이념을 계승하고…' 라는 말로 시작되는 것이다.

하지만 안타깝게도 많은 사람들에게 현대사는 고리타분한 갈등의 소재거리로 전락하였다. 특히 오랫동안 누적되어온 주입식교육과 무한경쟁 그리고 스팩 쌓기에 뒤돌아 볼 틈 없어진 젊은 세대들의 현실적문제로 인하여 대한민국의 현대사는 급속도로 잊혀지거나 왜곡되어져 가고 있는 상황인 것이다. 많은 사람들이 자신의 소중한 투표권에 있어서 소중함을 느끼지 못하고 있는 현실 또한 그 사실을 반증한다. 왜냐하면 대한민국 현대사는 민주주의에 대한 끊임없는 갈구의 역사이며 독재자가 유린했던 국민주권에 대한 투쟁의 역사이기도 하기 때문이다. 우리가 당연하다고 느끼는 선거권이란 수많은 선배들의 피와 희생을 바탕으로 손에 쥐어진 것이라는 걸 잊지 말아 주었으면 한다. 1960년 4월이 외치던 "만약 선거에 있어서의 부정을 밝히지 않고 그대로 방치해서 선례를 남긴다면 주권이 국민에게 있다는 명확한 상식을 후대가 가질 수 없다." 라는 상식과 그로 인하여 발생했던 희생을 우리는 기억해야한다.

권력자의 욕심이 국민주권을 향한 것이라면 혹여 그 부정의 크기가 아무리 작더라도 권력을 또 다시 괴물로 변화시켜 국민의 피를 삼키는 일이 생길 수 있기 때문이다. 그것이 광복 70년을 맞이하는 2015년에 4.19혁명을 상기해 보고자 했던 나의 출발점이기도 했다.

우리 사회 스스로가 현대사라고 불리는 대한민국의 역사에 관심을 가져주기를 소원한다. 우리의 역사란 우리들만이 지킬 수 있는 것이기 때문이다.

마지막으로 수많은 희생을 통해 우리 손에 주어진 국민주권의 소중함을 깨닫고 자신들의 주인된 권리를 귀찮음 따위의 이유로 쉽게 버리지 말았으면 한다.

그리스 철학자 플라톤의 말처럼 정치를 외면한 가장 큰 대가는 가장 저질스러운 인간들에게 지배당하는 것이기 때문이다.

2015년 김포의 서재에서

이 남일

참고문헌

안동길 새로운 4.19 예지 2010
허　은 정의와 행동 그리고 4월 혁명의 기록 고려대 한국사 연구소 2012
이재영 4.19 혁명과 소녀의 일기 해피스토리 2011
연시중 한국정당정치실록 지와사랑 2001
박태균 조봉암연구 창작과비평사 1995
정태영 한국 사회민주주의의 정당사 세명서관 1995
조정래 한강 해냄. 2001
이재오 해방후 한국학생운동사 형성사 1984
이영석 야당 40년사 인간사 1987
이달순 이승만 정치연구 수원대학교출판부 2000
이한구 한국재벌 형성사 비봉출판사 1999
유인학 한국재벌의 해부 풀빛 1991
강준만 한국 현대사 산책 인물과사상사 2004
민족문제연구소 한국현대사를 움직인 친일파 60 청년사 1994
동아일보사 민족과 더불어 80년 동아일보사 2000
류승렬 뿌리 깊은 한국사 샘이 깊은 이야기 솔 2003
심재택 4월 혁명의 전개과정 일월서각 1983
이　형 조병옥과 이기붕 삼일서적 2002
김성진 한국정치 100년을 말한다 두산동아 1999
오유석 4월 혁명과 피의 화요일 일빛 2001
조갑제 내 무덤에 침을 뱉어라 조선일보사 1998
윤희일 이승만 이기붕일가 재산 90억대 경향신문 2001
김정남 4.19 혁명 다시읽기 하나 민주화운동 기념사업회 2003
서찬석 4.19 혁명 가까이 어린른이 2009
신용하 한국 근대사와 민족문제 문학과지성사 1991
정국로 한국학생민주운동사 도서출판 반 1995
홍영유 홍영유가 쓰고 엮은 4월 혁명통사 도서출판 천지창조 2010
4월회　4.19혁명 자료 목록집 4월회 2000
한국학중앙연구원 한국민족문화대백과사전 두산백과 1991
21세기 정치학 대사전 아카데미아 리서치 2002
3.15 의거 증언록 우리는 이렇게 싸웠다 3.15 의거 사업회 2010
4.19 혁명 사진집 4.19 혁명 부상자회 2010
동아일보 보존자료기록
4.19 혁명도서관 공개자료
국가기록원 공개자료